BEI GRIN MACHT SICH IH
WISSEN BEZAHLT

- Wir veröffentlichen Ihre Hausarbeit,
  Bachelor- und Masterarbeit

- Ihr eigenes eBook und Buch -
  weltweit in allen wichtigen Shops

- Verdienen Sie an jedem Verkauf

Jetzt bei www.GRIN.com hochladen und kostenlos publizieren

Bettina Schoeps

Pränatale Diagnostik, Thema in der Beratung von werdenden Eltern: Positionierung der Sozialen Arbeit

GRIN Verlag

Bibliografische Information der Deutschen Nationalbibliothek:

Die Deutsche Bibliothek verzeichnet diese Publikation in der Deutschen National-
bibliografie; detaillierte bibliografische Daten sind im Internet über http://dnb.d-
nb.de/ abrufbar.

Impressum:

Copyright © 2003 GRIN Verlag GmbH
Druck und Bindung: Books on Demand GmbH, Norderstedt Germany
ISBN: 978-3-656-29393-4

Dieses Buch bei GRIN:

http://www.grin.com/de/e-book/201660/praenatale-diagnostik-thema-in-der-bera-
tung-von-werdenden-eltern-positionierung

GRIN - Your knowledge has value

Der GRIN Verlag publiziert seit 1998 wissenschaftliche Arbeiten von Studenten, Hochschullehrern und anderen Akademikern als eBook und gedrucktes Buch. Die Verlagswebsite www.grin.com ist die ideale Plattform zur Veröffentlichung von Hausarbeiten, Abschlussarbeiten, wissenschaftlichen Aufsätzen, Dissertationen und Fachbüchern.

Besuchen Sie uns im Internet:

http://www.grin.com/

http://www.facebook.com/grincom

http://www.twitter.com/grin_com

I.   Inhaltsverzeichnis

1. Einleitung

„Schweigsam fährt der Facharzt für Pränataldiagnostik
mit dem Ultraschallkopf im kühlen Gel auf meinem Bauch herum.
Ich sehe mein Kind schwarzweiß auf dem Bildschirm:
alles ist dran... es gofällt mir, wie es sich bewegt,
den Messungen des Arztes ausweicht,
ein stiller Einklang.
Nachher werde ich aus der Praxis gehen
mit der Gewißheit, daß alles in Ordnung ist.

Der Arzt antwortet einsilbig auf meine Fragen,
vertröstet mich auf später.
Ich bleibe arglos.

Hinterher erfahre ich,
daß der Arzt ein völlig anderes Kind gesehen hat, als ich selbst:
Er hat einen dem Tod geweihten Fötus untersucht,
mit vielfältigen Störungen, wie er sie so nur selten diagnostiziert.
Ich habe mein Kind gesehen, mit Freude und Stolz,
das für mich vollkommen war,
weil ich seine Abweichungen vom Normalen
im Bild des Monitors nicht erkennen konnte.

Im ersten Moment bin ich entsetzt
über diese zwei verschiedenen gleichzeitigen Wirklichkeiten.
"Warum haben Sie mir das nicht sofort gesagt?"
Der Arzt bietet mir eine zweite Ultraschalluntersuchung an.
Ich möchte 4 Tage später wiederkommen,
um alle Details seiner Diagnose
im Ultraschallbild direkt mit eigenen Augen zu sehen.
Am Ende schenkt er mir das Video-Band
mit diesen Aufzeichnungen von seiner Untersuchung.

Im Nachhinein weiß ich:
die beiden unterschiedlichen Sichtweisen sind erhalten geblieben."[1]

---

[1] http://www.chius.ch/viktoria11/meinkleineskind/9zwei.html, 20.05.03

Die Pränatale Diagnostik[2] ist heutzutage ein wenig in der Öffentlichkeit, aber unter Fachleuten kontrovers diskutiertes Thema. Bereits 1996 besuchte ich ein Seminar mit dem Titel „Moderne Medizin - dürfen wir was wir können?" im Rahmen meines „Freiwilligen Sozialen Jahres" und seither beschäftigt mich genau diese Frage. Da diese Frage sehr eng mit den gesetzlichen Rahmenbedingungen in Deutschland und auch in Europa zusammenhängt, habe ich den Versuch unternommen Informationen aus der Presse über das „Menschenrechtsübereinkommen zur Biomedizin des Europarates" zu bekommen und scheiterte kläglich daran.

Eine andere wichtige Frage, die ich mir gestellt habe war, wie Paare beraten werden die ein Kind erwarten. In meinem Bekannten- und Verwandtenkreis hatte ich die Gelegenheit mit einigen werdenden Eltern über ihre Wünsche und Befürchtungen zu sprechen die sie während der Schwangerschaft haben. Oft habe ich den Satz gehört „Hauptsache es ist gesund!" Aber was wenn nicht? Diese Paare hätten gerne ein wenig mehr Beratung in Anspruch genommen, aber wussten nicht so recht wohin sie sich wenden können. Es wurde in den Gesprächen sehr deutlich, dass viele Fragen in dem Augenblick auftauchten als die Gewissheit da war: „Wir bekommen ein Baby!". Das waren Fragen die die finanzielle Situation der Familie, die berufliche Perspektive, den Familienstand, Paarkonflikte und noch vieles mehr betrafen. Es konnte aber häufig nicht im Einzelnen geklärt werden, welche Institution/Disziplin für die jeweilige Beratung zuständig ist und auf welchem gesellschaftlichen, politischen und soziologischen Hintergrund die Beratung stattfindet.

In dieser Arbeit werde ich die PD unter den verschiedenen angesprochenen Gesichtspunkten in ihrem Kontext erörtern. Dazu sind einige Begriffsbestimmungen, rechtliche Grundlagen, die Abgrenzung der PD zur Präimplantationsdiagnostik, die aktuelle politische Debatte auf Europaebene, den Schwangerschaftsabbruch und die perspektivische Beratung aus Sicht der Disziplinen erläutert.

Im Verlauf wird deutlich, an welcher Stelle ich die Positionierung der Sozialen Arbeit, im Beratungsprozess der Schwangerschaft und PD, sehe.

---

[2] im folgenden wird Pränatale Diagnostik mit PD abgekürzt.

2.   Behinderung

Wenn sich zwei Mütter auf dem Spielplatz unterhalten und die eine Mutter voller Enthusiasmus von ihrem Kind berichtet während die andere ebenfalls voller Stolz von ihrem berichtet, dann aber sagt, dass ihr Kind eine Behinderung habe, wie wird ihr gegenüber dann wohl reagieren?

„Das tut mir leid für sie...", oder „das muss ein harter Schlag für sie gewesen sein....". Vielleicht wird sie dann die Antwort bekommen: „Ach, so schlimm ist das nicht, viele Menschen tragen heutzutage eine Brille."

Wenn von *Behinderten* oder *Behinderung* gesprochen wird, weiß in der Regel jeder, wer oder was damit gemeint ist. Der umgangsprachliche Gebrauch der Begriffe ist im allgemeinen nicht missverständlich, vielmehr scheint im Alltag eine große Übereinstimmung darüber zu bestehen, was als *Behinderung* und wer als *Behinderter* gilt.[3] Aber dennoch liegt das individuelle empfinden des Begriffs weit auseinander, und da das Verständnis des Begriffs „Behinderung" sehr individuell und facettenreich ist, ergibt sich daraus die Erfordernis einer Begriffsbestimmung. „Umgangssprache oder Fachtermine in Medizin, Sonder- bzw. Heilpädagogik, Rehabilitationswissenschaften oder Recht setzen einige Akzente, so dass es keine allgemein anerkannte Definition von Behinderung gibt."[4]

Die Begriffsbestimmung der Behinderung ist sehr weitreichend, und ich erhebe mit diesen Definitionsversuchen keinen Anspruch auf Vollständigkeit, deshalb habe ich mich für einen Auszug entschieden, der meines Erachtens einen guten, wenn auch groben Überblick über die verschiedenen Ebenen der Begrifflichkeit geben kann.

2.1   Begriffsbestimmung „Behinderung" nach WHO

Die einzelnen Definitionen für das Wort Behinderung sind im internationalen Rahmen sehr verschieden. So kann die Weltgesundheitsorganisation WHO[5] nur versuchen eine grobe Definition vorzunehmen. Diese Klassifikation ist international weitgehend anerkannt und

---

[3] Vgl. Tröster, Heinrich: Einstellungen und Verhalten gegenüber Behinderten. Konzepte, Ergebnisse und Perspektiven sozialpsychologischer Forschung. Bern/Stuttgart/Toronto: Verlag Hans Huber, 1990, S. 12
[4] Otto/Thiersch: Handbuch der Sozialarbeit/Sozialpädagogik. 2. Auflage, Neuwied/Kriftel: Luchterhand, 2001, S. 118
[5] World Health Organisation

bietet eine Vergleichsmöglichkeit zu den vorherrschenden Definitionen auf nationaler Ebene.

Die WHO geht bei Behinderung immer von *3 Begriffen* aus:

impairment (Schädigung)	=	Mängel oder Abnormitäten der anatomischen, psychischen oder physiologischen Funktionen und Strukturen des Körpers
disability (Beeinträchtigung)	=	Funktionsbeeinträchtigung oder -mängel aufgrund von Schädigungen, die typische Alltagssituationen behindern oder unmöglich machen
handicap (Behinderung)	=	Nachteile einer Person aus einer Schädigung oder Beeinträchtigung[6]

2.2 Begriffsbestimmung „Behinderung" durch ein Lexikon

Die folgende Definition aus dem Brockhaus Lexikon finde ich wichtig, da sie einen allgemeinen Definitionsversuch wagt, die der Bevölkerung am ehesten zugänglich ist und sich dadurch auch in vielen Schulreferaten oder ähnlichen Ausarbeitungen wiederfinden wird.

Behinderung ist, im Unterschied zu gegebenenfalls vorübergehenden Störungen, eine längerfristige, beziehungsweise bleibende körperliche, geistige und/oder psychische Beeinträchtigung eines Menschen, die seine Entwicklungsmöglichkeiten und seine Lebensumstände erheblich erschweren oder einschränken. Von Behinderung ist dann zu sprechen, wenn bestimmte Grade der Auffälligkeit überschritten werden (etwa bei Blindheit, Gehörlosigkeit oder einer Körperbehinderung), die Defizite stark ausgeprägt sind, so dass im allgemeinen erwartbare Leistungen nicht erbracht werden können oder als deutlich abweichend beziehungsweise behandlungsbedürftig empfundene psychische Auffälligkeiten vorliegen. Des öfteren wird zwischen absoluter und relativer Behinderung unterschieden. Demnach liegt eine absolute Behinderung vor, wenn die Beeinträchtigung so ausgeprägt oder beschaffen ist, dass der Betreffende in jeder Gesellschaft als auffällig gilt; bei einer relativen Behinderung fällt er hingegen nur in bestimmten Gesellschaften (beziehungsweise Gesellschaftsordnungen) auf. Als Beispiel hierfür sei auf lernbehinderte

---

[6] Vgl. http://www.behinderung.org/definit.htm, 13.05.2003

Kinder und Jugendliche verwiesen, die den von unserer hoch zivilisierten Gesellschaft gesetzten hohen Anforderungen nicht gerecht zu werden vermögen und daher schon in der Grundschule scheitern.[7]

2.3 Begriffsbestimmung „Behinderung" aus rechtlicher Sicht

Einen rechtlich einheitlich normierten Behindertenbegriff gibt es nicht, vielmehr werden die Begriffe *Behinderung* bzw. *Behinderter* im Sinne der einschlägigen Rechtsvorschriften oder Gesetzt unterschiedlich interpretiert.

Die Abgrenzungen des Begriffs *Behinderung* in den verschiedenen Rechtsdisziplinen haben vor allem die Aufgabe der Klärung, welche Person zu etwas berechtigt oder vor etwas beschützt sind. Ziel ist die Feststellung eines Hilfebedarfs und der Berechtigung zum Nachteilsausgleich.[8]

Gesetzliche Regelungen bringen Pflichten und Rechte für Menschen mit Behinderung mit sich, zugleich klassifizieren sie aber auch. Behinderte Menschen müssen sich dem Denken des Gesetzgebers unterwerfen, um die für sie gedachten Leistungen bzw. Hilfen in Anspruch nehmen zu können. Sie werden nach ihrer Funktions- und Leistungsfähigkeit beurteilt, wobei es immer noch in hohem Maße auf die Verwertbarkeit der Arbeitskraft ankommt. Kritische Stimmen vermuten, dass das gesellschaftliche Verständnis von Behinderung negativ ist, weil der Behindertenbegriff im Recht aus einer defizitorientierten Perspektive betrachtet wird.[9]

Im *Arbeitsförderungsgesetz* (SGBIII) ist der Begriff *Behinderung* wie folgt definiert: „Behinderte sind körperlich, geistig oder seelisch beeinträchtigte Personen, deren Aussichten, beruflich eingegliedert zu werden oder zu bleiben, wegen der Art und der Schwere ihrer Behinderung nicht nur vorübergehend wesentlich gemindert sind und die deshalb Hilfen zur beruflichen Eingliederung benötigen."[10]

Im *Arbeitsrehabilitationsgesetz* gelten Menschen mit einer Behinderung als „Person, deren Aussichten beruflich eingegliedert zu werden oder zu bleiben, infolge der

---

[7] Vgl. a.a.O. Der Brockhaus multimedial 2002; Mannheim 2001
[8] Vgl. Otto/Thiersch: a.a.O., S. 126
[9] Vgl. Otto/Thiersch: a.a.O., S. 127
[10] Vgl. §19 Abs. 1 SGB III

Behinderung nicht nur vorübergehend wesentlich gemindert sind, und die deshalb besonderer Hilfen bedürfen".[11]

Im *Krankenversicherungsrecht* ist Behinderung ein „regelwidriger Körper- oder Geisteszustand, der ärztlicher Betreuung bedarf und/oder Arbeitsunfähigkeit bedingt".[12]

Im *Kinder- und Jugendhilfegesetz* sind bestehende oder drohende seelische Behinderung Anlass für Ansprüche auf erzieherische Leistungen. Eine drohende oder bestehende seelische Behinderung liegt dann vor, wenn die „seelische Gesundheit mit hoher Wahrscheinlichkeit länger als sechs Monate von dem für ihr Lebensalter typischen Zustand abweicht und daher ihre Teilhabe am Leben in der Gesellschaft beeinträchtigt ist oder eine solche Beeinträchtigung droht".[13]

Im *SGB IX zur Rehabilitation und Teilhabe behinderter Menschen* wird der Behindertenbegriff modifiziert. Nach §2 Abs. 1 Satz 1 SGBX sind Menschen behindert, „wenn ihre körperliche Funktion, geistige Fähigkeit oder seelische Gesundheit mit hoher Wahrscheinlichkeit länger als sechs Monate von dem für das Lebensalter typischen Zustand abweichen und daher ihre Teilhabe am Leben in der Gesellschaft beeinträchtigt ist.

Bei der Definition des Behindertenbegriffs orientiert sich der Gesetzgeber nicht mehr an wirklichen oder vermeintlichen Defiziten, sondern rückt das Ziel der Teilhabe an den verschiedenen Lebensbereichen in den Vordergrund."[14]

Dies sind nur einige rechtliche Ansätze, die aber nachvollziehbar machen, dass der Begriff Behinderung nicht eindeutig definiert ist, und die Gesetzestexte Ermessens-spielräume lassen und nach Bedarf ausgelegt werden können.

Behinderte Menschen werden vom Gesetzgeber klassifiziert, daher könnte man sich die Frage stellen, ob sie damit auch zu einer Randgruppe per Gesetz werden. Ich denke, dass sich die rechtlichen Normen aus den gesellschaftlichen Wert- und

---

[11] Vgl. Otto/Thiersch: a.a.O., S. 127
[12] Vgl. Otto/Thiersch: a.a.O., S. 127
[13] Vgl. Nachtrag zur Broschüre Kinder- und Jugendhilfegesetz (SGBVIII)10. Auflage, Stand 02.11.2000
[14] SGB IX Rehabilitation und Teilhabe Behinderter Menschen – Vorschriften mit erläuterten Gesetzestexten. Regensburg, Walhalla, S. 8+9

Normvorstellungen ableiten lassen, bzw. sie sich daraus entwickeln. Deshalb sind sie ein Spiegel der Gesellschaft und bedingen sich gegenseitig.

| Werte und Normen der Gesellschaft | ←————→ | Rechtliche Normen |

Die rechtlichen Begriffsbestimmungen zeigen, dass Behinderung jeweils aus der spezifischen Sichtweise der Rechtdisziplinen betrachtet wird, denen unterschiedlichen Interessen zugrunde liegen.

2.4 Begriffsbestimmung „Behinderung" aus anthropologischer Sicht

Reinhart Lempp geht von dem in unserer Gesellschaft zugrundeliegenden Menschenbild aus und hat dabei festgestellt, dass die heute dominierende Vorstellung von der wirtschaftlichen Verwertbarkeit menschlicher Fähigkeiten, die den normierenden Behinderungs-Begriff prägt, oftmals den Zugang zu einem menschlichen und menschengerechten Verständnis erschwert.

Er kommt zu dem Schluss, dass es drei unterschiedliche Ausgangspunkte für die Bestimmung von Behinderung gibt:

Die objektive Feststellung von Behinderung

Sie entspringt dem Bedürfnis der Gemeinschaft, des Staates, nach Gleichbehandlung seiner Mitglieder, nach Gerechtigkeit. Sie ist aber allenfalls für körperliche Behinderungen hinreichend möglich, wenngleich sie auch hierbei die individuelle Kompensierbarkeit nicht zu berücksichtigen vermag.
Bei der geistigen Behinderung dagegen ist umgekehrt die körperliche Kompensationsfähigkeit nicht zu erfassen und seelische Behinderung entzieht sich grundsätzlich objektiver Bewertung.

Die Beziehungsstörung als Maß der Behinderung

Diese Betrachtungsweise versteht den Menschen als ein Beziehungswesen. Behinderung ist dann eine Beeinträchtigung seiner Beziehungsfähigkeit, seiner sozialen Integration. Unter diesem Gesichtswinkel könnte auch dissoziales Verhalten unter Umständen als Behinderung gesehen werden. In einer vorwiegend leistungsorientierten Gesellschaft kann ein solcher Behinderungsbegriff allerdings nicht befriedigen, weil soziale Integration keinen quantifizierbaren Wert und keine messbare Leistung darstellt. Sie ist allenfalls die Voraussetzung für eine gemeinnützige Leistungsfähigkeit. Dieser Aspekt ist aber dennoch wichtig, da die Beziehungsfähigkeit vor allem subjektiv empfunden wird und für die soziale Integration ausschlaggebend sein kann.

Die subjektive Definition von Behinderung

Sie wäre wohl die gerechteste aller Definitionen, denn das Erleben der eigenen Insuffizienz[15], des Andersseins und des dadurch bedingten Einbezogen- oder Ausgeschlossenseins bedarf am ehesten der Berücksichtigung, der Hilfe und des Ausgleichs durch die Gesellschaft.[16]

Für diese anthroposophische Sichtweise habe ich mich bewusst entschieden, da sich die Anthroposophie mit der Lehre von den Eigenschaften und Verhaltensweisen der Menschen befasst und sich deshalb aus einer anderen Perspektive mit dem Begriff Behinderung befasst.
Es ist vielleicht noch interessant zu wissen, dass der Autor selber eine körperliche Behinderung hat, sich mit dieser aber in seinem sozialen Kontext nicht beeinträchtigt sieht.

2.5   Einstellungen gegenüber Menschen mit einer Behinderung

Bei dem Versuch, den Begriff *Einstellung* näher zu bestimmen, stößt man auf unterschiedliche Definitionsansätze. Ungeachtet der Vielzahl unterschiedlich akzentuierter Definitionen kann unter der Einstellung gegenüber Behinderten zunächst eine dauerhafte, über unterschiedliche Situationen und Zeitpunkte hinweg stabile Disposition verstanden werden, auf behinderte Personen mit positiven oder negativen Gefühlen zu reagieren, vorteilhafte oder unvorteilhafte Meinungen über sie zu vertreten, und sich gegenüber behinderten Menschen in zugewandter oder ablehnender Weise zu verhalten. Die Einstellung gegenüber Behinderten wird also als eine relativ stabile Reaktions- bzw. Verhaltensbereitschaft gegenüber behinderten Personen betrachtet.

---

[15] Insuffizienz [lateinisch] *die*, Unzulänglichkeit, Unvermögen, Schwäche. Aus: Bibliographisches Institut & F.A. Brockhaus AG; Der Brockhaus multimedial 2002; Mannheim 2001
[16] Vgl. Buchkremmer/Klosinski/Müller/Neumann/Wacker: Behinderung: von der Vielfalt eines Begriffs und dem Umgang damit. 2.Auflage; Tübingen: Attempto, 1997, 8, 13-20

Ihre Lebensqualität von Menschen mit einer Behinderung wird durch die Reaktionen ihrer sozialen Umwelt in vielfältigen Weise beeinträchtigt. Die allgemeine Grundlage für die sie benachteiligenden sozialen Reaktionen ist darin zu sehen, dass Nichtbehinderte einen behinderten Menschen nicht in erster Linie als eine individuelle Person wahrnehmen, die neben anderen guten und schlechten individuellen Eigenschaften eine Behinderung aufweist. Ein Mensch mit einer Behinderung ist vielmehr in den Augen seiner Umwelt zuallererst ein Behinderter.

Mit dieser sozialen Kategorisierung geht die Tendenz einher, aufgrund der wahrgenommenen Zugehörigkeit eines Menschen zu der negativ bewerteten Personenkategorie „Behinderte" auf weitere ungünstige Eigenschaften dieses Menschen zu schließen. [17]

3. Grundlagen der beiden Diagnostischen Methoden Präimplantationsdiagnostik und Pränataler Diagnostik

Im Folgenden werde ich einen Überblick über die beiden Diagnostischen Methoden geben, die für eine medizinische Diagnostik grundlegend sind, und aufzeigen, welche Schwangerschaftsuntersuchungen es gibt und wie sie durchgeführt werden.

3.1 Die Präimplantationsdiagnostik

Durch die Ende der 70er Jahre entwickelte künstliche Befruchtung, die in-vitro-Fertilisation (IVF), wurden menschliche Embryonen außerhalb des menschlichen Körpers zugänglich.[18] Damit ist die außerhalb des Körpers in einer Nährlösung (in vitro) stattfindende Befruchtung der menschlichen Eizelle gemeint. Zur IVF werden reife Eizellen aus einem der Eierstöcke durch Punktion oder einen laparoskopischen[19] Eingriff gewonnen, das Sperma durch Punktion oder Masturbation. Etwa 48-72 Stunden nach der

---

[17] Vgl. Tröster, Heinrich: a.a.O., S. 56

[18] Vgl. Kollek, Regine: Präimplantationsdiagnostik: Embryonenselektion, weibliche Autonomie und Recht. 2. Auflage; Tübingen/Basel: Francke, 2002, S.13

[19] Bauchspiegelung, zu diagnostischen Zwecken vorgenommene Betrachtung der Bauchhöhle mit dem Laparoskop, einem Spezialendoskop, das nach örtlicher Betäubung durch die Bauchdecke in die Bauchhöhle eingeführt wird. Aus: Bibliographisches Institut & F.A. Brockhaus AG; Der Brockhaus multimedial 2002; Mannheim 2001

Befruchtung werden 3-4 Embryonen in die Gebärmutterhöhle gebracht und die Einnistung durch Hormongabe unterstützt.[20]

Es gibt zwei Techniken, mit denen sowohl in den Prozess der Befruchtung, als auch in den der frühen Embryonalentwicklung eingegriffen werden kann:

- Die *Intrazytoplasmatische Spermainjektion*, hierbei werden einzelne, aus dem Ejakulat oder dem Hoden unfruchtbarer Männer isolierte Spermien mithilfe einer Kanüle direkt in die Eizelle injiziert.

- Die *Präimplantationsdiagnostik*, hierbei handelt es sich um ein Verfahren der genetischen Untersuchung des frühen Embryos. Krankhafte Veränderungen des Erbmaterials können so schon vor der Implantation erkannt werden.[21]

Die Präimplantationsdiagnostik ist eine Selektionstechnik. Hier findet die Untersuchung der Embryonen außerhalb des weiblichen Körpers statt. Es liegt also noch keine Schwangerschaft vor.[22]

3.2   Die Pränatale Diagnostik

Die PD wurde ungefähr Mitte der 60er Jahre eingeführt. Es handelt sich hierbei um die Untersuchung des Ungeborenen mithilfe sonographischer (Ultraschall), biochemischer oder genetischer Verfahren. Hier geht es um die Untersuchung einer konkret existierender Schwangerschaft und nach Vorliegen eines pathologischen Untersuchungsbefundes um die Frage ihrer Weiterführung. Die PD erfolgt in utero, also im Mutterleib.[23]

Die PD dient der Diagnose von fetalen Erkrankungen im Mutterleib. Uns stehen heute verschiedene Methoden zur Verfügung, um Erkrankungen des Embryos in verschiedenen Stadien der Schwangerschaft zu erkennen.

---

[20] Vgl. a.a.O. Der Brockhaus multimedial 2002; Mannheim 2001
[21] Vgl. Kollek, Regine: a.a.O., S. 13
[22] Vgl. Kollek, Regine: a.a.O., S. 15
[23] Vgl. Kollek, Regine: a.a.O., S. 14+15

3.2.1 Methoden der Pränatalen Diagnostik

invasive[24] Methoden

(z.B. Fruchtwasseruntersuchung / Chorionzottenbiopsie/ Nabelschnurpunktion)

Es handelt sich um invasive Methoden, da hier mit einer Punktionsnadel Gewebe oder Flüssigkeit aus der Nabelschnur, der Fruchthöhle oder dem Mutterkuchen entnommen werden muss. Diese Untersuchungen haben den Vorteil, dass die sich daraus ergebenen Befunde höchst zuverlässig sind und für die Erkennung von genetischen Erkrankungen oder serologischen Erkrankungen des Feten die genauesten Resultate bringen. Diesem Vorteil steht als Nachteil das Risiko dieser Eingriffe gegenüber. Risiko bedeutet, dass mit einer geringen Wahrscheinlichkeit ein Kind durch diesen Eingriff verloren geht. Dabei geht es im Ultraschallzeitalter weniger um Verletzungen des Kindes als um Fehlgeburten durch Blasensprung oder Infektionen.[25]

Mögliche Gründe für eine gezielte, insbesondere invasive pränatale Diagnostik sind:

- erhöhtes Alter der Schwangeren
- auffällige Serummarker
- verdächtige sonographische Befunde[26]
- pränatal diagnostizierbare Erkrankungen in der Familie,
- strukturelle oder numerische chromosomale Aberrationen[27] bei einem Elternteil
- teratogen[28] und fetotoxisch wirkende Infektionen der Mutter.

Nicht invasive Methoden

(z.B. Ultraschall / serologische Untersuchungen aus mütterlichem Blut).[29]

Hierzu zählt auch die Bluttransfusion bei Rhesusinkompatibilität[30].[31]

---

[24] Minimal invasive Chirurgie bezeichnet im Allgemeinen Operationen, bei denen die Verletzung gesunder Organe auf ein Minimum reduziert wird. So wird angestrebt, ohne den für die konventionelle Operation üblichen Schnitt auszukommen, um ein erkranktes Organ zu behandeln oder zu entfernen. Ein weites Gebiet der minimal invasiven Chirurgie wird durch die Endoskopie abgedeckt. Aus: Bibliographisches Institut & F.A. Brockhaus AG; Der Brockhaus multimedial 2002; Mannheim 2001

[25] Vgl. http://www.frauenarzt-infos.de/Praenatal/Einleitung.htm, 12.05.2003

[26] durch Ultraschalluntersuchungen

[27] Abbildungsfehler

[28] teratogen [griechisch], Fehlbildungen erzeugende Wirkung von chemischen Verbindungen (Arzneimittel), Infektionen (Röteln) oder physikalischen Faktoren (ionisierende Strahlen) in der Frühschwangerschaft. Aus: Bibliographisches Institut & F.A. Brockhaus AG; Der Brockhaus multimedial 2002; Mannheim 2001

[29] Vgl. http://www.frauenarzt-infos.de/Praenatal/Einleitung.htm, 12.05.2003

[30] Rhesusunverträglichkeit: Sie kommt bei Schwangeren zustande, wenn in den Blutkreislauf einer rhesusnegativen Frau Blut ihres rhesuspositiven Embryos beziehungsweise Fetus gelangt, da sie dann Antikörper gegen den Rhesusfaktor bildet. Diese verklumpen die rhesuspositiven roten Blutkörperchen des

3.2.2 Ziele der Pränatalen Diagnostik

- „Störungen der embryonalen und fetalen Entwicklung zu erkennen,
- durch Früherkennung von Fehlentwicklungen eine optimale Behandlung der Schwangeren und des (ungeborenen) Kindes zu ermöglichen,
- Befürchtungen und Sorgen der Schwangeren zu objektivieren, abzubauen und
- Schwangeren Hilfe bei der Entscheidung über die Fortsetzung oder den Abbruch der Schwangerschaft zu geben.

Die grundsätzliche Anerkennung des elterlichen Wunsches nach einem gesunden Kind kann zu einem Konflikt mit der grundsätzlichen Anerkennung des Schutzbedürfnisses des Ungeborenen führen. Aus der pränatalen Diagnostik gewonnene Erkenntnisse und deren Bewertung rechtfertigen allein nicht zu einem Schwangerschaftsabbruch zu raten, ihn zu fordern oder durchzusetzen. Hingegen ist die Entscheidung einer Schwangeren für einen Abbruch der Schwangerschaft vom Arzt zu respektieren.

Die menschlichen, ethischen und juristischen Probleme der pränatalen Diagnostik erfordern fachliche Erfahrung und nachgewiesene Kompetenz sowie in der Regel eine frühzeitige Zusammenarbeit zwischen Gynäkologen, Humangenetikern, Neonatologen und gegebenenfalls Spezialisten anderer Fachgebiete."[32]

Bereits bei der Zielbestimmung der PD wird darauf hingewiesen, das menschliche, ethische und juristische Probleme bestehen und eine Zusammenarbeit mit fachlich kompetenten Kollegen gewünscht ist. Warum ist an dieser Stelle nur die medizinische Kompetenz gefragt? Eine Entscheidung zu treffen, ob ein Kind mit einer Behinderung oder Missbildung zur Welt gebracht wird, hängt meines Erachtens nicht nur mit medizinischen Gesichtspunkten zusammen. Die Eltern müssen sich neben den medizinischen Risiken auch über soziale Folgen informieren. Ist hier nicht neben der Profession eindeutig auch die Profession der Sozialpädagogik gefragt, die sich mit der Gesellschaft und deren Individuen und unter anderem mit Behindertenpädagogik und Integrationspolitik beschäftigt?

Kindes, da die Antikörper durch den Mutterkuchen hindurchtreten, wodurch schwere Schäden (u.a. Gelbsucht) beim Fetus verursacht werden und sogar der Tod des Kindes eintreten kann. Aus: Bibliographisches Institut & F.A. Brockhaus AG; Der Brockhaus multimedial 2002; Mannheim 2001
[31] Vgl. Dt. Ärzteblatt 1998; 95: A-3236-3242 [Heft 50]
[32] Dt. Ärzteblatt 1998; 95: A-3236-3242 [Heft 50]

Alle Untersuchungen haben den Ansatz, fetale Erkrankungen zu erkennen, um evtl. mögliche vor- oder nachgeburtliche Therapien zu planen oder aber bei schweren Erkrankungen den Eltern die Möglichkeit zu geben, über sonstige Konsequenzen nachzudenken.[33]

Die PD bezeichnet also eine Methode, um Schadigungen beim Ungeborenen zu entdecken. Doch welche Therapiemöglichkeiten gibt es, wenn sich herausstellt, dass das Ungeborene unheilbare Missbildungen oder Gendefekte hat? In diesen Fällen wird sich wohl als alternative medizinische Lösung ein Abbruch der Schwangerschaft anbieten. Im Text oben wird hier allerdings nicht von Abtreibung, oder Schwangerschaftsabbruch gesprochen, sondern von *sonstigen Konsequenzen*. Im folgenden Zitat wird vom *therapeutischen Abort* gesprochen und von *Abweichungen des Ungeborenen*. Umschreibungen sind bei diesem Thema wohl üblich. Ist die Realität für uns so hart, dass wir mit Begriffen wie Abtreibung oder Schwangerschaftsabbruch nicht umgehen können?

„So ist das einzige Angebot, das bei Feststellung einer vorgeburtlichen Schädigung gemacht werden kann, der `therapeutische Abort`, den die Mehrheit der Schwangeren nach festgestellter `Abweichung` des Ungeborenen durchführen läßt."[34]

Die Pränatale Diagnostik ist eine besondere Form der Präventivmedizin und kann insbesondere für das Ungeborene nur als Therapie angesehen werden, wenn der Abbruch der Schwangerschaft eine Therapie ist. Daraus schließe ich, dass der Focus der Pränatalen Diagnostik auf das Wohlbefinden der Mutter gerichtet ist, „denn bei dem Schwangerschaftsabbruch mit medizinischer Indikation kann nicht die zu erwartende Schädigung des Kindes selbst, sondern nur eine für die Mutter unzumutbare körperliche oder seelische Beeinträchtigung zu einer Indikationsstellung führen".[35]

Der größte Wunsch von schwangeren Frauen und ihren PartnerInnen ist, dass sie ein gesundes Kind bekommen. Der Gedanke daran, dass ihr Kind nicht gesund sein könnte, löst eine starke Verunsicherung und auch Ängste aus. Wenn sich diese Ängste bestätigen, sehen sich die meisten Frauen erstmals mit dem Thema Behinderung konfrontiert. Sie müssen jetzt verarbeiten, dass ihr Baby, das sie im Bauch tragen, nicht

---

[33] Vgl. http://www.frauenarzt-infos.de/Praenatal/Einleitung.htm, 12.05.2003
[34] Vgl. Swantje Köbsell: Mogelpackung - die `Bioethik-Konvention` des Europarates und ihre Bedeutung für Menschen mit Behinderungen. BEHINDERTENPÄDAGOGIK, Heft 1/1999, S. 92
[35] Niedersächsisches Frauenministerium: Schwangerschaftsabbruch - was Sie wissen müssen! Ratgeber, Hannover, 1997, S. 6

das perfekte Kind ist, das sie sich in ihren Träumen vorgestellt haben. Eine Vielzahl von Meinungen und Informationen stürmen auf die Frau ein, die letztlich eine Entscheidung über das Fortsetzten der Schwangerschaft treffen muss. Es entsteht sicherlich ein emotionales Chaos, dass geordnet werden muss.

Es müssen grundsätzliche Fragen geklärt werden wie :

Was heißt es für...

- die Beziehung mit meinem PartnerIn,
- meine persönliche Situation,
- meine berufliche Situation,
- meine finanzielle Situation,

... dass mein Kind eine Behinderung hat?

- Bin ich überhaupt in der Lage, ein Kind mit einer Behinderung auf seinem Lebensweg zu begleiten?
- Möchte ich das überhaupt?
- Welche sozialen Unterstützungen habe ich aus der Familie/dem Freundeskreis?
- ...

Und in Bezug auf das Kind

- Was bedeutet die Behinderung für das Kind aus medizinischer, sozialer und psychologischer Sicht?
- Welche Perspektiven hat ein Kind mit einer Behinderung in unserer Gesellschaft?
- ...

Das Thema Behinderung macht Angst, unsicher und wirft für die Frau und ihren PartnerIn viele Fragen auf, die sie für sich erst einmal klären müssen.

Familien oder Alleinerziehende sehen sich mit einem Thema konfrontiert, mit dem sie sich bisher noch nicht intensiv beschäftigt haben und werden sich in ihrem sozialen Umfeld mit Verwandten oder Freunden unterhalten, um sich eine Meinung bilden zu können. Die Meinungen des Umfelds sind sicher sehr wichtig für die werdende Mutter und ihrem PartnerIn. Eine Behinderung wird oft als Leistungsbeeinträchtigung, als Belastung, oder auch als Bürde gesehen. Wenn das so ist, liegt dann nicht auch ein großer Teil des

Konflikts, den die Eltern mit der Entscheidungsfindung, welchen Weg sie gehen sollen, an den gesellschaftlichen und wirtschaftlichen Umständen?

„Wer befürchten muß, mit einem behinderten Kind allein gelassen zu werden, ohne Chance auf die erforderliche Unterstützung, dafür aber mit der Gewißheit, der Gesellschaft zur Last zu fallen, wird sich nach PD und humangenetischer Beratung eher in die bevölkerungspolitische Pflicht nehmen lassen und sich gegen ein Kind entscheiden, das den Normen der industriellen Leistungsgesellschaft nicht genügt."[36]

3.2.3 Umfang der Pränatalen Diagnostik

Die PD enthält folgende Elemente:

▪ Frühzeitige, anamnestische und diagnostische Erfassung von Risikofaktoren für Entwicklungsstörungen des Kindes

▪ Eigenanamnese der Schwangeren:
   z.B. Diabetes mellitus, zerebrale Anfallsleiden und Autoimmunerkrankungen

▪ Familien- und Schwangerschaftsanamnese:
   Fehl- und Totgeburten, angeborene Anomalien, genetisch bedingte oder familiär gehäuft aufgetretene Erkrankungen

▪ gegebenenfalls ethnische Herkunft; Verwandtenehe

▪ Einnahme oder Missbrauch von Medikamenten, Genussmitteln und Drogen[37]

3.2.4 Ethische Aspekte der Pränatalen Diagnostik

Die therapeutischen Möglichkeiten sind in der PD im Gegensatz zu den diagnostischen als äußerst begrenzt einzuschätzen. Ein großer Teil des Konfliktpotentials in der PD ist auf diese Diskrepanz an den medizinischen Möglichkeiten zurück zu führen. Wegen fehlender Alternativen im therapeutischen Vorgehen werden betroffene Eltern bei einem auffälligen Befund fast zwangsläufig mit der Frage konfrontiert, sich entweder auf ein

---

[36] Oliver Tolmein: Wann ist der Mensch ein Mensch? Ethik auf Abwegen. München/Wien, 1993, S. 8
[37] Vgl. Dt. Ärzteblatt 1998; 95: A-3236-3242 [Heft 50]

Leben mit einem behinderten Kind einzustellen oder die Möglichkeit eines Abbruchs der Schwangerschaft zu erwägen.[38]

In jedem Einzelfall sind Nutzen und Risiko für Mutter und Kind gegeneinander abzuwägen. Dabei ist die Entscheidung einer schwangeren Frau, sich für oder gegen eine PD zu entscheiden, vom Arzt zu respektieren. Eine PD ist sinnvoll und ärztlicherseits geboten, wenn dadurch eine Erkrankung oder Behinderung des Kindes intrauterin behandelt oder für eine rechtzeitige postnatale[39] Therapie gesorgt werden kann.[40]

- **Für das Kind** fehlt es dann an einer Indikation für die PD, wenn, was nicht selten der Fall ist, sich keine Therapiemöglichkeiten abzeichnen. In dem Fall kann das ungeborene Kind dem Risiko eines diagnostischen Eingriffs ausgesetzt werden, obwohl eine Entscheidung über Fortsetzung oder Abbruch der Schwangerschaft die einzige Konsequenz aus dem Ergebnis der Diagnostik darstellt.

- **Für die schwangere Frau** stellen die Ergebnisse der PD einen Informationsgewinn dar, der meistens Befürchtungen und Sorgen um den Gesundheitszustand des Kindes ausräumen kann. Wird jedoch die Verdachtsdiagnose einer Erkrankung oder Behinderung durch die pränatale Diagnostik bestätigt, entscheidet die schwangere Frau darüber, ob sie von der Möglichkeit des Schwangerschaftsabbruches Gebrauch machen will.[41]

Nur sehr wenige Frauen können sich unmittelbar nach der Mitteilung einer möglichen Behinderung bei ihrem Kind dazu entschließen, ihr Kind trotz auffälligem Befund auszutragen. Ebenfalls sehr gering ist die Zahl derer, die sich nach einer intensiven Auseinandersetzung für ein behindertes Kind entscheiden.[42] Die meisten Frauen und ihre PartnerInnen benötigen Raum und Zeit, um in einem Prozess zu einer Entscheidungsfindung zu kommen. Das ethische Dilemma ist für viele werdende Eltern so gravierend, dass sie in existenzielle seelische Not geraten und ohne Außenhilfe im tiefsten Zweifel und in tiefster Verzweiflung stecken bleiben.[43]

---

[38] Vgl. Lammert/Cramer/Pingen-Rainer/Schulz/Neumann/Beckers/Siebert/Dewald/Cierpka: Psychosoziale Beratung in der Pränataldiagnostik. Ein Praxishandbuch. Göttingen/Bern/Toronto/Seattle: Hogrefe-Verlag, 2002, S. 16
[39] nachgeburtlich
[40] Vgl. http://www.bundesaerztekammer.de/30/Richtlinien/Richtidx/Praediag.html, 14.05.03
[41] Vgl. http://www.bundesaerztekammer.de/30/Richtlinien/Richtidx/Praediag.html, 14.05.03
[42] Vgl. Baldus, M.: Von der Diagnose zur Entscheidung – Entscheidungsprozesse für Frauen im Kontext pränataler Diagnostik. Praxis der Kinderpsychologie und Kinderpsychiatrie. 9/10, 2001, S. 736 – 752. Aus: Lammert/Cramer/Pingen-Rainer/Schulz/Neumann/Beckers/Siebert/Dewald/Cierpka: a.a.O., S. 16
[43] Vgl. Lammert/Cramer/Pingen-Rainer/Schulz/Neumann/Beckers/Siebert/Dewald/Cierpka: a.a.O., S. 16

Das zentrale ethische Problem der pränatalen Diagnostik ist die Frage nach einem eventuellen Schwangerschaftsabbruch bei Nachweis einer Erkrankung oder Behinderung des ungeborenen Kindes. Bei einer Entscheidung für einen Schwangerschaftsabbruch geraten alle Beteiligten[44] unvermeidlich in den Konflikt mit dem Tötungsverbot.

Die Pluralität der Wertsetzungen ermöglicht für diesen Konflikt keine von allen Menschen gleichermaßen akzeptierte Lösung. Entscheidungen können nur im Einzelfall erarbeitet werden. Der Schwangerschaftsabbruch nach PD eines erkrankten oder behinderten Kindes stellt das unvollkommene Bemühen dar, eine im Kern nicht auflösbare Konfliktsituation zu beenden.

Dieser Sachverhalt erfordert es, dass die Problematik des Schwangerschaftsabbruches und das Risiko der Diagnostik in die Beratung der Schwangeren vor einer PD einbezogen werden.[45]

3.2.5 Juristische Aspekte der Pränatalen Diagnostik

Die rechtliche Bewertung muss zum einen das Lebensrecht des Ungeborenen[46] und zum anderen die aus dem allgemeinen Persönlichkeitsrecht[47] folgende Handlungsfreiheit der Frau/den Eltern auf selbstbestimmte Mutterschaft/Elternschaft einbeziehen. Somit muss sich das ärztliche Handeln in der PD an diesen beiden gleichermaßen grundrechtlich geschützten Positionen orientieren.

Durch Inanspruchnahme bzw. Übernahme der Betreuung einer Frühschwangerschaft wird zwischen der Schwangeren und dem Arzt ein Behandlungsvertrag begründet. Dieser bezieht neben der Betreuung der Mutter die des Ungeborenen ein. Im Rahmen dieses Behandlungsvertrages ist der Arzt verpflichtet, auf die Möglichkeiten hinzuweisen, Schäden der Leibesfrucht zu diagnostizieren.
Unterlässt der Arzt diesen Hinweis oder eine medizinisch begründete Diagnosemaßnahme, in die die Schwangere eingewilligt hat, so verletzt er den Behandlungsvertrag und ist gegebenenfalls schadenersatzpflichtig. Hinweise auf ein

---

[44] Schwangere und Ärzte
[45] Vgl. http://www.bundesaerztekammer.de/30/Richtlinien/Richtidx/Praediag.html, 14.05.03
[46] Vgl. Urteil vom BVerfG, AZ.:-2 BvF 4/92-, 28.05.1993. Aus: http://www.bundesaerztekammer.de/ 30/Richtlinien/Richtidx/Praediag.html, 14.05.2003
[47] Vgl. Grundgesetz Art. 2 Abs. 2

erhöhtes Fehlbildungsrisiko erfordern es, die Schwangere über die Möglichkeiten der invasiven PD aufzuklären, insbesondere, wenn sich daraus eine potentiell erfolgreiche Behandlungsmöglichkeit des Kindes ergeben kann.

Das Ergebnis der PD muss der Mutter/der PartnerIn im Rahmen eines Beratungsgespräches mitgeteilt werden. Wurde eine schwere gesundheitliche Störung des ungeborenen Kindes festgestellt, ist der Arzt gehalten, auf die bestehenden Möglichkeiten zur Unterstützung bei der Geburt eines behinderten Kindes hinzuweisen.

Die potentielle Gefährdung des Kindes durch invasive Eingriffe im Rahmen der PD erfordert es, die Möglichkeiten einer risikoarmen Diagnostik voll auszuschöpfen. Grundsätzlich dürfen bei diagnostischen Eingriffen, in Relation zum Nutzen, nur geringere Risiken in Kauf genommen werden als bei den sich aus der Diagnostik ergebenden therapeutischen Eingriffen.

Die Diagnose einer schwerwiegenden Erkrankung des Kindes kann eine Voraussetzung nach §§ 218ff. StGB für die Unzumutbarkeit der Fortsetzung der Schwangerschaft und daher Anlass für einen Schwangerschaftsabbruch sein.

Gemäß § 218a Abs. 2 StGB ist der mit der Einwilligung der Schwangeren von einem Arzt vorgenommene Schwangerschaftsabbruch dann nicht rechtswidrig, wenn der Abbruch, unter Berücksichtigung der gegenwärtigen und zukünftigen Lebensverhältnisse der Schwangeren nach ärztlicher Erkenntnis angezeigt ist, um eine Gefahr für das Leben oder die Gefahr einer schwerwiegenden Beeinträchtigung des körperlichen oder seelischen Gesundheitszustandes der Schwangeren abzuwenden und die Gefahr nicht auf eine andere, für sie zumutbare Weise abgewendet werden kann.

Die Indikation zum Schwangerschaftsabbruch ist von einem approbierten Arzt zu stellen, der den Schwangerschaftsabbruch nicht selbst vornimmt.[48]

---

[48] Vgl. http://www.bundesaerztekammer.de/30/Richtlinien/Richtidx/Praediag.html, 14.05.03

3.3   Reguläre Vorsorgeuntersuchungen beim Frauenarzt nach Feststellung der Schwangerschaft

Es werden folgende Bluttests[49] durchgeführt:

- Blutgruppen- und Rhesusfaktorenbestimmung

  Ist wichtig, damit die Blutgruppe im Fall einer Blutübertragung bekannt ist, und eine mögliche Blutgruppenunverträglichkeit bei Rhesus-negativem Blut der Mutter, wenn das Kind vom Vater eine Rhesus-positive Bluteigenschaft geerbt hat. Vorsorglich wird der Mutter dann in der Schwangerschaft und gegebenenfalls nach der Geburt ein Antiserum gespritzt. Dies verhindert die Bildung von Abwehrstoffen, die das Kind schwer schädigen können.

- Röteln- und Toxoplasmose- Antikörper

  Finden sich Abwehrstoffe in dem Blut, so ist das Ungeborene vor Ansteckungen mit diesen Krankheitserregern und der Gefahr, dauerhafte Entwicklungsstörungen davonzutragen, geschützt.

- Hepatitis-B und Syphilis Erregernachweis

  Bei bisher unerkannter Infektion der Mutter mit einer bestimmten Form ansteckender Leberentzündung oder mit der Geschlechtskrankheit Syphilis lassen sich drohende Gesundheitsschäden beim Kind durch gezielte Behandlung gleich nach der Geburt bzw. noch während der Schwangerschaft abwenden.

- HIV-Antikörper

  Ein *freiwilliger* Aids-Test wird allen Schwangeren empfohlen, um sicherzugehen, dass es zu keiner Ansteckung mit HI-Viren gekommen ist. Das Ergebnis bleibt vertraulich.[50]

Weitere Untersuchungen sind:

Die gynäkologische Untersuchung

Der Bauch wird im Umfang gemessen und abgetastet. Damit überprüft der Arzt das Wachstum der Gebärmutter sowie die Größe und Lage des Kindes. Die vaginale Untersuchung kontrolliert den festen Verschluss des Gebärmutterhalses. Sollte er sich vorzeitig öffnen, droht eine Fehl- oder Frühgeburt, die aber meistens verhindert werden

---

[49] serologische Untersuchungen = Blutuntersuchungen

[50] Vgl. Barbara, Nees-Delaval: Informationen zum Thema Schwangerschaft. Broschüre der Deutschen Angestellten Krankenkasse, Hamburg, 2001, S. 6

kann. Ab der 10. SSW[51] lassen sich die Herztöne des Kindes hörbar machen. Anzahl und Rhythmus der Herzschläge zeigen, ob es dem Kind gut geht.

Die Gewichtskontrolle

Anfangs wird festgestellt, ob die Schwangere ein normales, Unter- oder Übergewicht hat. Davon hängt die wünschenswerte Gewichtszunahme ab. Ein plötzlich starker Anstieg kann Anzeichen einer Wassereinlagerung im Gewebe sein. Eine zu geringe Gewichtszunahme geht unter Umständen mit einer Mangelernährung des Kindes einher.

Die Blutdruckmessung

Zu hohe, wie auch zu niedrige Blutdruckwerte müssen häufiger kontrolliert und möglicherweise behandelt werden, damit es nicht zu einer Sauerstoffunterversorgung des Kindes kommt. Schwangerschaftshochdruck kann Zeichen einer Gestose[52] sein. Diese Erkrankung ist für Mutter und Kind eine gefährliche Komplikation. Bei intensiver Überwachung und frühzeitigem Eingreifen kann ein ernster Verlauf aber vermieden werden. Dazu ist es manchmal notwendig, die Schwangerschaft vorzeitig mit einem Kaiserschnitt zu beenden.

Blutuntersuchungen auf Hämoglobin (Hb-Wert)

Der eisenhaltige rote Blutfarbstoff transportiert den Sauerstoff durch den Körper. Weil die Blutmenge in der Schwangerschaft zunimmt und auch das Ungeborene Eisen für seine Blutbildung braucht, sinkt oft der Hämoglobingehalt ab. Bei zu niedrigen Hb-Wert verordnet der Arzt meistens Eisenpräparate. Mit eisenreicher Nahrung allein lässt sich ein Eisenmangel kaum beheben.

Die Urinanalyse

Der Urin wird auf Eiweiß, Zucker und Bakterien untersucht. Eine vermehrte Eiweißausscheidung zeigt eine Nierenfunktionsstörung an. Findet sich wiederholt Zucker im Urin, kann der Arzt mit einem Glukose Belastungstest abklären, ob eine Zuckerstoffwechselstörung vorliegt. Nitrit im Urin weist auf einen Harnwegsinfekt hin. Schwangere sind für Blasenentzündungen besonders anfällig.

---

[51] Schwangerschaftswoche

[52] Gestose, ein schwangerschaftsinduzierter Hochdruck, Sammelname für ursächlich durch eine Schwangerschaft ausgelöste oder begünstigte Erkrankung. Ursachen können neben Gefäßveränderungen und Stoffwechselstörungen auch ein höheres Lebensalter der Schwangeren oder eine familiäre Bluthochdruckdisposition sein. Aus: Bibliographisches Institut & F.A. Brockhaus AG; Der Brockhaus multimedial 2002; Mannheim 2001

Ultraschalluntersuchungen

Drei Ultraschallkontrollen gehören zur Vorsorgeroutine, jeweils im ersten, zweiten und dritten Schwangerschaftsdrittel.[53]

3.4 Schwangerschaftsuntersuchungen und ihre Indikation für eine Pränatale Diagnostik

Neben den standardisierten Schwangerschaftsuntersuchungen können noch weitere Untersuchungen für eine PD angewandt werden. Diese Untersuchungen werden in der Regel durchgeführt, wenn die Mutter zu einer Risikogruppe gehört oder Umstände/ Anzeichen vorliegen, aus denen die Anwendung bestimmter Heilmittel oder Behandlungsmethoden als geeignet oder angezeigt erscheint.

Diese Untersuchungen dürfen nur nach einer ausführlichen Beratung durch den Arzt und der Zustimmung der Schwangeren durchgeführt werden. Die Entscheidung, ob eine solche Untersuchung durchgeführt werden soll, liegt demnach bei der Frau.

Der Arzt ist verpflichtet, ein Beratungsgespräch mit der Frau zu führen. Ziel einer solchen Beratung wäre der informierte Patient, der autonom für seine individuelle Situation eine Entscheidung treffen kann. Die multifaktoriellen Einflussfaktoren auf diese Endscheidungsfindung und die Aspekte des Beratungsprozesses werden im folgenden immer wieder aufgegriffen und erörtert.

3.4.1 Chorionzottenbiopsie

10.-13. Schwangerschaftswoche
Indikation: Stoffwechselerkrankungen oder seltene Erbkrankheiten

Da in den letzten Jahren die Ergebnisse bei den Fruchtwasseruntersuchungen immer schneller vorlagen und heute bereits nach ca. 24 – 48 Stunden mit verlässlichen Fruchtwasserergebnissen zu rechnen ist, wird die Chorionzottenbiopsie seltener durchgeführt.

---

[53] Vgl. Barbara, Nees-Delaval: a.a.O., S. 6+7

Bei dieser Untersuchung wird durch eine Punktionsnadel Gewebe aus dem Mutterkuchen entnommen. Man kann den Eingriff sowohl über die Bauchdecke als auch durch die Scheide durchführen. Der Eingriff durch die Scheide sollte jedoch nur in Ausnahmefällen durchgeführt werden, da er ein höheres Infektionsrisiko hat. In der Routine wird man wegen des geringeren Risikos immer die Amniozenthese vorziehen. Lediglich bei Befunden, bei denen schon früh eine (11-13 SSW) definitive Abklärung gewünscht (Wunsch der Eltern) oder erforderlich (auffälliger Ultraschallbefund) ist, sollte eine Chorionzottenbiopsie durchgeführt werden.

Das Risiko dieser Untersuchung liegt etwa bei 1:100. Das Ergebnis liegt ca. 24-48 Stunden nach der Punktion vor.[54]

3.4.2 Nt-Screening

11.-14. Schwangerschaftswoche

Indikation: Frauen, die Risikofaktoren haben, wie z.B. das Risiko für eine Erkrankung des Kindes an einem Down Syndrom

Durch eine relativ neue Untersuchungsmethode kann bei jeder Schwangeren zwischen der 11. und 14. Schwangerschaftswoche ein Profil erstellt werden, dass mit hoher Genauigkeit das individuelle Risiko für eine Erkrankung des Kindes an einem Down Syndrom ergibt.

Diese Untersuchung ist absolut ungefährlich. Zur Berechnung des Risikos sind lediglich eine Blutabnahme und eine Ultraschalluntersuchung des Kindes in der 11. - 14. SSW notwendig. Dabei wird am Nacken des Kindes eine Messung vorgenommen. Der Messwert, die Laborwerte, das Alter der Mutter und die Schwangerschaftswoche lassen eine individuelle Risikoberechnung zu. Für alle Frauen mit Risikofaktoren werden diese Leistungen als Kassenleistung angeboten. Alle Frauen ohne Risikofaktoren können sich die Berechnung als individuelle Gesundheitsleistung (IGEL Leistung) erstellen lassen.

Bei dieser frühen Untersuchung können schon die meisten Organe des Kindes (Herz, Magen, Nieren, Blase, Gehirn) untersucht werden, sofern ein modernes, hoch auflösendes Gerät zur Verfügung steht.[55]

---

[54] Vgl. http://www.frauenarzt-infos.de/Praenatal/Chorionzottenbiopsie.htm, 12.05.2003
[55] Vgl. http://www.frauenarzt-infos.de/Praenatal/Screening.htm, 12.05.2003

3.4.3 Fruchtwasseruntersuchung (Amniozenthese)

14.-20. Schwangerschaftswoche

Indikation: Erbkrankheiten und Fehlbildungen

Die Fruchtwasseruntersuchung erfolgt mit einer Punktion der Fruchtblase durch die Bauchdecke mittels einer feinen Kanüle unter Ultraschallbeobachtung. Dabei wird Fruchtwasser, das immer auch kindliche Zellen enthält, in eine Spritze aufgesaugt. Die Zellen werden in einem Spezialverfahren über drei Wochen angezüchtet und dann auf Erbkrankheiten oder Fehlbildungen des Feten untersucht.[56]
Die Unsicherheit dieser Untersuchung liegt darin begründet, dass man mit der Nadel in den Fruchtsack eingehen muss und es in seltenen Fällen zu einem Blasensprung kommt. Das Risiko liegt etwa bei 1:300. Das Ergebnis liegt etwa 14 Tage nach der Punktion vor.

Uns stehen heute 2 Schnelltestmöglichkeiten zur Verfügung, die beide innerhalb von 48 Stunden ein Resultat liefern. Dieses ist zuverlässig, jedoch nicht so aussagekräftig wie die reguläre Untersuchung, die etwa 2 Wochen dauert. Aus diesem Grund wird immer neben dem Schnelltest auch die Langzeituntersuchung durchgeführt. Die normale Langzeituntersuchung des Fruchtwassers dauert etwa 12-14 Tage und untersucht den kompletten Chromosomensatz.[57]

3.4.4 Nabelschnurpunktion

ab ca. 19. Schwangerschaftswoche

Indikation: Fehlbildungen, Blutgruppenunverträglichkeit, Infektionen, fetale Blutarmut nach Infektionen

Man unterscheidet die diagnostische Nabelschnurpunktion und die therapeutische Nabelschnurpunktion.

- Eine diagnostische Nabelschnurpunktion wird ab der 19. SSW durchgeführt, um bei bis dahin nicht bekannten Problemen des Feten (Fehlbildungen, Blutgruppenunverträglichkeit, Infektionen) eine schnelle Diagnose zu ermöglichen.

---

[56] Vgl. a.a.O. Der Brockhaus multimedial 2002; Mannheim 2001
[57] Vgl. http://www.frauenarzt-infos.de/Praenatal/Fruchtwasseruntersuchung.htm, 12.05.2003

- Therapeutische Nabelschnurpunktionen werden z.b. bei Bluttransfusionen beim Embryo durchgeführt, die bei fetaler Blutarmut nach Infektionen oder bei Blutgruppenunverträglichkeit notwendig werden. Nabelschnurpunktionen nach der 23. SSW sollten nur in der Klinik erfolgen.[58]

3.4.5 Ultraschalluntersuchungen

Indikation: Kontrolle der Entwicklung, des Fruchtwassers, der Organe und Extremitäten sowie der Durchblutung des Ungeborenen

Während der Schwangerschaft sind in den Mutterschaftsrichtlinien drei Ultraschall-Untersuchungen vorgesehen und zwar in der Frühschwangerschaft, in der 20.-23. SSW und in der 30. SSW. Ergibt sich bei diesen Untersuchungen ein Verdacht, so kann eine weiterführende Diagnostik angeordnet werden. Diese wird im Idealfall in der 20. SSW durchgeführt

Zu jedem Zeitpunkt der Schwangerschaft kann eine weiterführende Ultraschalldiagnostik erfolgen, die besten Sichtbedingungen finden sich jedoch in der 22. SSW. Bei diesen Untersuchungen wird die Entwicklung des Feten, das Fruchtwasser, die Organe und Extremitäten und die Durchblutung des Kindes kontrolliert.
Im Verlauf der Schwangerschaft kann die weitere Entwicklung des Feten kontrolliert werden. Auch kann über die Doppleruntersuchung eine mögliche Schwäche des Mutterkuchens oder eine Durchblutungsstörung erkannt und dann evtl. therapiert werden. Diese Doppleruntersuchungen machen ab der 20.-21. SSW Sinn, um eine Prognose für die weitere Schwangerschaft zu ermöglichen. Bei kleinen Kindern, Fruchtwassermangel, auffälligen Herztönen aber auch bei Schwangeren mit Risikofaktoren (Diabetes, Nikotinabusus, kleinere Kinder oder Totgeburten bei früheren Schwangerschaften) ist eine regelmäßige Doppleruntersuchung in der ganzen Schwangerschaft sinnvoll.

Frauen ohne Risikofaktoren und ohne auffällige Schwangerschaftsverläufe haben kassenrechtlich keinen Anspruch auf eine weiterführende Ultraschalldiagnostik. Das heißt,

---

[58] Vgl. http://www.frauenarzt-infos.de/Praenatal/Nabelschnurpunktion.htm, 12.05.2003

dass die Frauen die Untersuchungskosten für eine solche Untersuchung[59] selbst tragen müssten, wenn ihr Gynäkologe keine Überweisung schreibt. [60]

3.5 Kritische Sichtweise der Pränatalen Diagnostik

Frau Margaretha Kurmann, Diplomtheologin, sieht in der Pränatalen Diagnostik durchaus einige Kritikpunkte, denen ich mich ohne Einschränkungen anschließen möchte. Ihre Kritik der PD bezieht sich auf die Risiken und Nebenwirkungen der einzelnen Methoden und auf die strukturellen Gegebenheiten ihrer Anwendung.

Dazu gehören:

- Wehen, Blutungen und Fehlgeburten nach in den Körper eingreifenden Eingriffen
- Ängste und schlaflose Nächte beim Warten auf den Befund
- Verunsicherungen bei Befunden, die ungenaue Aussagen machen
- Traumatisierungen und Schwangerschaftskonflikte nach auffälligen Befunden
- Keine oder nicht ausreichende Aufklärung und Beratung
- Keine ausreichend kommunikativen und beraterischen Kompetenzen bei den Anwendern
- Durch die Einbindung in die Schwangerschaftsvorsorge sind die einzelnen Methoden zu Routinemaßnahmen geworden, über die nicht mehr informiert und in die nicht mehr einzeln eingewilligt wird
- Verschieben von rechtlichen Absicherungsbestrebungen auf die Frau
- Keine Zeit für eine adäquate Anwendung
- Eigeninteresse der Anwender/-in – Forschungsinteresse
- Weiterbildungsinteressen

Es gibt noch eine weitere grundsätzliche Kritik, und zwar an den Sichtweisen und Normierungen, die der selektiven Diagnostik zugrunde liegen. Eine bestimmte Weltsicht dominiere, so die Kritik. Sie werde über jede schwangere Frau gestülpt und damit zur Norm für alle. Diese Sicht berührt verschiedene Ebenen:

- Den Glauben an die Machbarkeit und Planbarkeit menschlichen Lebens und den daraus folgenden Umgang mit schwangeren Frauen
- Die Orientierung an Wahrscheinlichkeiten und am Risiko

---

[59] die Kosten liegen bei ca. 250 €
[60] Vgl. http://www.frauenarzt-infos.de/Praenatal/Ultraschall.htm, 12.05.2003

- Die selektiven Absichten der Diagnostik: die Tendenz, zu verhindern, dass Kinder mit bestimmten, ausgewählten Merkmalen geboren werden
- Die Dominanz an Lebensentwürfen, die sich an Entscheidungen orientieren.
- Die Bewertung von Krankheit, Behinderung und Beeinträchtigung als leidvoll und zu vermeiden
- Die Dominanz der Eigendynamik der Techniken[61]

3.6 Der Mutterpass

Die Befunde und Untersuchungsergebnisse jedes Vorsorgetermins werden, auch von den Hebammen, in den Mutterpass eingetragen.

Diesen Pass sollte jede Schwangere bei sich tragen, falls sie Hilfe von einem fremden Arzt braucht.[62]

Der Mutterpass wird jeder schwangeren Frau am Anfang der Schwangerschaft von der Frauenärztin/dem Frauenarzt oder der Hebamme ausgehändigt (spätestens nach der 2. Vorsorgeuntersuchung). Er gibt einen schnellen und präzisen Überblick über alle wichtigen Daten und Ergebnisse (Befunde) einer Schwangerschaft. Der Mutterpass dient der Dokumentation der Vorsorgeuntersuchungen, gibt Auskunft über die Ergebnisse durchgeführter Untersuchungen im Rahmen der Mutterschaftsvorsorge (wie Blutgruppe, Rhesusfaktor, Röteln-Titer) sowie über weiterführende Diagnostik (z.B. Ultraschall, CTG). Im Mutterpass werden auch die Geburt und der Verlauf des Wochenbettes sowie die Untersuchungsbefunde des Neugeborenen dokumentiert.[63]

Der Mutterpass gibt Aufschluss darüber, welche Untersuchungen die werdende Mutter gemacht hat und welche Ergebnisse sich ergaben. Wäre es nicht sinnvoll, die Soziale Arbeit genau hier anzusiedeln, damit eine psychosoziale Beratung genauso wie eine U-Untersuchung der Regelfall wäre? Eine solche Beratung könnte der Schwangeren als Wegweiserfunktion dienen, welche Gelder gibt es von wem, wo finden Geburtsvorbereitungskurse statt, was muss ich vor der Geburt noch alles erledigen etc. Es könnten

---

[61] Vgl. Kolb, Stefan: Medizin und Gewissen, wenn Würde ein Wert würde... Frankfurt am Main: Mabuse-Verlag, 2002, S.392 f.
[62] Vgl. Barbara, Nees-Delaval: a.a.O., S. 7
[63] Vgl. http://www.geburtskanal.de/index.html?mainFrame=http://www.geburtskanal.de/ Wissen/M/MutterPass. shtml&topFrame=http://www.geburtskanal.de/Advertising/BannerTop_Random. jhtml?Banner=, 19.06.2003

mit der Schwangeren auch ihre Sorgen besprochen werden, z.B. dass sie ein gesundes Kind zur Welt bringen will, oder dass sie Probleme mit dem Vater des Kindes hat, eine unsichere Wohnsituation etc., um dann mit ihr gemeinsam Alternativen und Handlungsmöglichkeiten zu entwickeln. Auch die Entscheidung, ob eine Pränatale Diagnostik durchgeführt werden soll und wie mit einem Befund umgegangen werden soll, kann mit der Schwangeren gemeinsam erarbeitet werden.

3.7   Leidvermeidung durch Pränatalmedizin?

„... weil Pränataldiagnostik Leid verhindert", wird argumentiert, sei sie sinnvoll. Aber welches Leid verhindert sie und welches nimmt sie in Kauf? Da ist das tatsächliche Leid oder erwartete Leiden der Angehörigen. Dieses Leiden meint die Angst vor einer zu großen Belastung, die durch die Verantwortung für Menschen mit einer Behinderung, Beeinträchtigung oder Krankheit entstehen kann. Hier gibt die Pränataldiagnostik die Antwort: *Selektion als Strategie zur Lebensgestaltung.* Außerdem ist da das vorweggenommene Leiden der „Noch-Gesunden", die Angst zu denen zu gehören, die vermeintlich leiden und/oder abhängig werden von der Unterstützung durch andere.

Dann gibt es das Leiden der Menschen, die mit einer Behinderung, Beeinträchtigung oder Krankheit leben. Für dieses Leid können die Angebote der Medizintechnik kaum eine Antwort geben.

Der Fokus auf Leidensvermeidung meint bestimmtes Leid, anderes wird nicht beachtet oder gar billigend in Kauf genommen. Für die versprochene Sicherheit *„kein behindertes Kind"* wird die Traumatisierung von Frauen und Paaren mit dem Befund *„behindertes Kind"* ebenso in Kauf genommen wie die Kränkung und Diskriminierung von Menschen, die ein Kind mit einer Behinderung oder Merkmal haben, nach dem gefahndet wird oder die selbst mit einem solchen Merkmal leben.

Pränataldiagnostik bietet nicht nur die Vermeidung von Leid an, sondern schafft auch Leid. Die Abwägungen fallen in der Regel zugunsten des Einsatzes selektiver Techniken aus.[64]

---

[64] Vgl. Kurmann, Margaretha: Heftig Bestritten – Routiniert Durchgeführt – Vielfach Nachgefragt. Pränataldiagnostik in der Schwangerenvorsorge. Aus: Kolb, Stefan: Medizin und Gewissen, wenn Würde ein Wert würde... .Frankfurt am Main: Mabuse-Verlag, 2002, S. 398 f.

„Die Selbstverständlichkeiten, die mit dem Argument „Leiden verhindern" transportiert werden, müssen hinterfragt werden. Es ist nötig, Grenzen zu respektieren, für das Machbare sowie für individuelle Selbstbestimmung."[65]

4. Das EMRK[66] zur Biomedizin unter dem Aspekt der Pränatalen Diagnostik

Vom 19. bis zum 24. September 2000 fand in Heidelberg ein internationales Symposium[67] statt. Es wurde auf verschiedenen Ebenen über das Menschenrechtsübereinkommen zur Biomedizin gesprochen. Im folgenden werde ich mich ausschließlich auf die für diese Arbeit relevanten Inhalte beziehen.

4.1 Funktion und Regelungscharakter des EMRK

Bei dem Übereinkommen handelt es sich um den weltweit ersten völkerrechtlich verbindlichen Vertrag zum Schutz der Menschenrechte im Bereich der Biomedizin. Zwar gibt es zu einzelnen im Übereinkommen geregelten Themen bereits internationale Regeln, so z.B. die Deklaration des Weltärztebundes, in denen Regelungen zur medizinischen Behandlung und zur biomedizinischen Forschung am Menschen enthalten sind, oder die „Universal Declaration on the Human Genom and Human Rights" der UNESCO.

Diese Regelwerke sind jedoch nicht rechtsverbindlich. Vielmehr handelt es sich bei den Deklarationen des Weltärztebundes um einen Ausdruck ärztlichen Selbstverständnisses, der im nationalen Recht allenfalls mittelbare Wirkung erlangt. Auch die Erklärungen der UNESCO haben lediglich deklaratorischen Charakter und enthalten somit weder Pflichten für die Staaten noch Rechte für den einzelnen Bürger.[68]

---

[65] Kurmann, Margaretha: a.a.O., S. 399

[66] Europäisches Menschenrechtsübereinkommen

[67] Symposion [griechisch] *das,* Heute wird mit Symposion eine wissenschaftliche Tagung mit Vorträgen und Diskussionen bezeichnet. Aus: Bibliographisches Institut & F.A. Brockhaus AG; Der Brockhaus multimedial 2002; Mannheim 2001

[68] Vgl. Taupitz, Jochen: Das Menschenrechtübereinkommen zur Biomedizin – taugliches Vorbild für eine weltweit geltende Regelung? Berlin/Heidelberg: Springer, 2002, S. 2 aus Deutsch, Medizinrecht, 4. Aufl. 1999, 448 ff.; Taupitz, Internationale Regeln zur Forschung an Minderjährigen, in Fegert/Häßler: Atypische Neuroleptika in der Jugendpsychiatrie. Rothärmel, 1999, S. 50 ff.

Dagegen verpflichtet das Menschenrechtsübereinkommen zur Biomedizin des Europarates die Staaten, in ihrem nationalen Recht Maßnahmen zu ergreifen, um den Bestimmungen des Übereinkommens Wirksamkeit zu verleihen. Bereits bestehende nationale Regelungen, die ein höheres Schutzniveau enthalten als die entsprechenden Bestimmungen des Übereinkommens, können jedoch beibehalten werden. Auch sind die Staaten nicht gehindert, später Regeln mit höherem Schutzniveau für ihren internationalen Bereich zu schaffen. Das Übereinkommen enthält also lediglich Mindestschutzstandards.

Regelungstechnisch handelt es sich bei dem Übereinkommen zur Biomedizin um eine völkerrechtliche Rahmenkonvention, die durch Zusatzprotokolle ergänzt und präzisiert wird.[69]

4.2 Grundsätzliche Kritik an dem Menschenrechtsübereinkommen

Obwohl das Übereinkommen bereits seit dem 04.04.1997 zur Zeichnung durch die Mitgliedstaaten vorliegt, haben sich zahlreiche große Staaten wie z.B. Großbritannien und Russland noch nicht zu einem Beitritt entschlossen. Auch Deutschland gehört bisher nicht zu den Unterzeichnerstaaten. Im Deutschen Bundestag gab es bis jetzt sowohl Anträge für als auch gegen einen Beitritt. Ebenso gab es in den Anhörungen im Rechtsausschuss des Deutschen Bundestages sowohl Stimmen für als auch gegen das Übereinkommen und einem möglichen deutschen Beitritt.

Des weiteren haben die Wissenschaftlichen Dienste des Deutschen Bundestages zwei Rechtsgutachten über die Vereinbarkeit des Menschenrechtsübereinkommens mit dem Grundgesetz angefertigt. Diese kommen zu dem Ergebnis, dass einzelne Bestimmungen des Übereinkommens mit dem Grundgesetz unvereinbar sind oder zumindest hinter dem Schutzniveau der Grundrechte zurückblieben.[70]

Kritiker wenden gegen das Übereinkommen vor allem ein, dass die darin enthaltenen Schutzstandards zu niedrig und im übrigen viele Rechtsbegriffe des Übereinkommens zu unbestimmt seien, um einen wirksamen Schutz zu gewährleisten.

---

[69] Vgl. Taupitz, Jochen: a.a.O., S. 2
[70] Vgl. Kathmann: Zur Vereinbarkeit der „Bioethik-Konvention" des Europarates mit den Grundrechten. Wissenschaftliche Dienste des Deutschen Bundestages, 24.01.1995 und Schulz: Zur Vereinbarkeit des Entwurfs des Menschenrechtsübereinkommens zur Biomedizin des Europarates vom 6. Juni 1996 mit den Grundrechten. Wissenschaftliche Dienste des Deutschen Bundestags, 7.11.1996

Insbesondere seien zentrale Begriffe, wie z.b. *Mensch* oder *Person* nicht definiert. Deshalb sei nicht sicher, ob auch das ungeborene Leben unter dem Schutz des Übereinkommens falle. Kritiker vermuten, dass der Vertragstext gezielt zwischen *Mensch* und *Person* unterscheidet. Damit stehe das Übereinkommen in einer angelsächsischen Tradition der Bioethik, die z.b. Embryonen und geistig Behinderten das Recht auf Leben abspreche. Insgesamt sei das Übereinkommen Ausdruck einer behindertenfeindlichen Gesinnung, die von einer Unterscheidung zwischen lebenswertem und lebensunwertem Leben ausgehe. Kritiker sehen in den Bestimmungen des Übereinkommens Parallelen zu den Thesen des umstrittenen australischen Philosophen Peter Singer, der für eine völlige Freigabe des Schwangerschaftsabbruchs eintritt.[71]

Darüber hinaus räume das Übereinkommen den Interessen von Wirtschaft und Forschung implizit den Vorrang vor dem Schutz der Menschenwürde ein. Deshalb verstoße es gegen die Grundrechte und sei insbesondere mit der Menschenwürdegarantie des Grundgesetzes unvereinbar.

Allerdings steht in der EMRK[72] mit Stand vom 19.November 1996 gleich in Artikel 2 (Vorrang des Menschen): „Die Interessen und das Wohlergehen des Menschen haben Vorrang vor dem alleinigen Interesse von Gesellschaft oder Wissenschaft." [73]

Menschenwürdegarantie ist im Grundgesetz Art. 1 niedergelegt:

(1) Die Würde des Menschen ist unantastbar. Sie zu achten und zu schützen ist Verpflichtung aller staatlichen Gewalt.

(2) Das Deutsche Volk bekennt sich darum zu unverletzlichen und unveräußerlichen Menschenrechten als Grundlage jeder menschlichen Gemeinschaft, des Friedens und der Gerechtigkeit in der Welt.

(3) (...)[74]

Hieran ändere auch die Tatsache nichts, dass das Übereinkommen nur Mindestschutzstandards enthalte und einzelstaatliche Regelungen mit höherem Schutzniveau unberührt blieben. Es sei nämlich zu befürchten, dass von dem im Vergleich zum deutschen Recht niedrigen Schutzniveaus des Menschenrechts-

---

[71] Vgl. Taupitz, Jochen: a.a.O., S. 3 ff.
[72] Europäische Menschenrechtskonvention
[73] Vgl. http://home.t-online.de/home/m-g.seidler/b_ktxt.html, 20.01.2003
[74] Art. 1 Abs. 1,2 GG

übereinkommens eine negative Signalwirkung ausgehe und die strengeren deutschen Regelungen bei einem Beitritt Deutschlands nicht mehr aufrecht zu halten seien.

4.3 Argumente für das Übereinkommen

In Deutschland gab es auch Stimmen für einen Beitritt Deutschlands zum Menschenrechtsübereinkommen.[75] Die Befürworter eines deutschen Beitritts weisen darauf hin, dass angesichts der unterschiedlichen rechtlichen und ethischen Traditionen in Europa und aufgrund der unterschiedlichen Rechtskulturen der 41 Mitgliedstaaten des Europarates, eine Rechtsangleichung auf dem Schutzniveau deutscher Gesetze und in der begrifflichen Klarheit, wie man sie von nationalen Gesetzen verlangen könnte, kaum zu erreichen sei. Deshalb wäre es besser, zumindest Mindestschutzstandards völkerrechtlich verbindlich zu verankern, als auf eine völkerrechtlich verbindliche Regelung zu verzichten. Auf diese Weise könnte gerade in den osteuropäischen Mitgliedstaaten des Europarates sichergestellt werden, dass zumindest gewisse Mindestanforderungen hinsichtlich des Menschenrechtsschutzes gesetzlich garantiert werden.

Eine Rahmenkonvention zu verabschieden erscheint auch sinnvoll, da sie gerade wegen ihrer Offenheit für möglichst viele Staaten akzeptabel ist. Detaillierte Regelungen bleiben zweckmäßigerweise den Zusatzprotokollen vorbehalten. Auf diese Weise kann ein Prozess der internationalen Diskussion und Regulierung in Gang gesetzt werden, in dessen Verlauf die eher allgemein formulierten Schutzstandards der EMRK sukzessiv[76] durch weitere Verträge oder Zusatzprotokolle präzisiert werden können.[77]

---

[75] Vgl. Taupitz, Jochen: a.a.O., S. 3 aus Deutscher Anwaltsverein, Stellungnahme des Verfassungsrechtsausschusses des Deutschen Anwaltsvereins e.V. zu dem Übereinkommen über Menschenrechte und Biomedizin des Europarates, Bonn, 1999

[76] sukzessiv [lateinisch], allmählich, nach und nach, schrittweise (eintretend). Aus: Bibliographisches Institut & F.A. Brockhaus AG; Der Brockhaus multimedial 2002; Mannheim 2001

[77] Vgl. Taupitz/Schelling: Mindeststandards als realistische Möglichkeit. Rechtliche Gesichtspunkte in deutscher und internationaler Perspektive. Eser, 1999, S. 94 ff.

5. Betrachtung einzelner Bestimmungen des EMRK hinsichtlich der Pränatalen Diagnostik

5.1 Nichtdiskriminierung (Art. 11)

Nach diesem Artikel ist jede Form von Diskriminierung einer Person wegen ihres genetischen Erbes verboten. Da *Diskriminierung* im juristischen Sprachgebrauch aber eine Ungleichbehandlung ohne anerkennenswerten sachlichen Grund bedeutet, beinhaltet der Artikel nach Meinung der Kritiker eine Leerformel, die völlig offen lasse, welche Ungleichbehandlung aufgrund des genetischen Erbes tatsächlich erlaubt oder aber verboten ist. Dies gilt insbesondere aus dem Blickwinkel der höchst problematischen Pränatal- und vor allem Präimplantationsdiagnostik.[78]

In der Bundesrepublik Deutschland wird zunehmend diskutiert, ob Art. 11 die Vornahme der von Präimplantationsdiagnostik und Pränataldiagnostik mit der Folge einer Verwerfung der geprüften Embryonen bei Erkenntnis einer erheblichen erblichen Belastung verbietet. Art. 11 wird hier mit Art 3 Abs. 3 des Grundgesetzes Gesehen, der vorschreibt, dass niemand wegen seines Geschlechtes, seiner Armut, seiner Rasse, seiner Sprache, seiner Heimat und Herkunft, seines Glaubens, seiner religiösen und politischen Anschauung benachteiligt oder bevorzugt werden darf. Satz 2 des Art. 3 schließt dann mit der Vorschrift an: „niemand darf wegen seiner Behinderung benachteiligt erden."[79]

In Deutschland besteht zwischen einer liberalen Fristen und Indikationslösung beim Schwangerschaftsabbruch und striktem Embryonenschutz (§§ 218 StGB, 218a StGB) eine deutliche Differenz. Werden Embryonen als menschliche Personen angesehen und dem Schutz des Rechtes unterstellt, so erscheint es zweifelhaft, ob nicht eine Diskriminierung wegen des genetischen Erbes vorliegt, wenn solche Embryonen bei Feststellung genetischer Schäden von der Implantation in die Mutter ausgenommen oder dem Schwangerschaftsabbruch nach einer PD unterworfen werden.[80]

---

[78] Vgl. Taupitz, Jochen: a.a.O., S. 5

[79] Vgl. Schreiber, Hans-Ludwig: Das Verbot der Diskriminierung einer Person wegen ihres genetischen Erbes. In Taupitz, Jochen: Das Menschenrechtübereinkommen zur Biomedizin – taugliches Vorbild für eine weltweit geltende Regelung? Berlin/Heidelberg: Springer, 2002, S. 144

[80] Vgl. Schreiber, Hans-Ludwig: a.a.O., S. 144

5.2   Prädikative Genetische Tests (Art. 12)

Nach Art. 12 dürfen Untersuchungen, die es ermöglichen, genetisch bedingte Krankheiten vorherzusagen oder bei einer Person entweder das Vorhandensein eines für eine Krankheit verantwortliche Gen festzustellen oder eine genetische Prädisposition oder Anfälligkeit für eine Krankheit zu erkennen, nur für Gesundheitszwecke oder für gesundheitsbezogene wissenschaftliche Forschung und nur unter der Voraussetzung einer angemessenen genetischen Beratung, vorgenommen werden.

Kritisiert wird hieran, dass nicht krankheitsbezogene prädiktive Gentests von dieser Regelung nicht erfasst würden. Zudem sei der Begriff der *gesundheitsbezogenen wissenschaftlichen Forschung* ebenso wie das Erfordernis einer *angemessenen genetischen Beratung* zu unbestimmt. Selbst bezogen auf die erfassten Tests bleibt offen, unter welchen Voraussetzungen sie im Versicherungs- und Arbeitswesen zulässig sind.[81]

6.   Gentest als Methode im Versicherungs- und Arbeitswesen?

In Deutschland bestehen weder Regelungen hinsichtlich der Zulässigkeit von prädikativen genetischen Tests in Zusammenhang mit dem Abschluss eines Versicherungs- oder Arbeitsvertrags noch Vorschriften hinsichtlich der Frage, inwieweit sich ein Versicherer oder Arbeitgeber über das Ergebnis bereits durchgeführter Tests erkundigen darf.[82]

6.1   Versicherungsrecht

Im deutschen Versicherungsrecht gibt es eine grundlegende Unterscheidung zwischen der risikoneutralen Sozialversicherung einerseits und der risikobezogenen Privatversicherung andererseits. Durch die einzelnen Teilbereiche der Sozialversicherung soll für jeden Versicherten ein Schutz vor elementaren Lebensrisiken sichergestellt werden. Hierzu zählen der Schutz vor

- den finanziellen Folgen einer Krankheit durch die gesetzliche Krankenversicherung
- die Sicherung der Hinterbliebenen bei vorzeitigem Tod des Ernährers durch die gesetzliche Rentenversicherung

---

[81] Vgl. Taupitz, Jochen: a.a.O., S. 5
[82] Vgl. Lorenz: Zur Berücksichtigung genetischer Tests und ihrer Ergebnisse beim Abschluß von Personenversicherungsverträgen. VersR 1999; Wiese: Genetische Analyse und Rechtsordnung, 1994, S. 40 ff., 77. Aus: Taupitz, Jochen: a.a.O., S.432

- sowie der Schutz vor den wirtschaftlichen Nachteilen eines Arbeitsunfalls und einer Berufskrankheit durch die gesetzliche Unfallversicherung.

Deshalb spielen in der Sozialversicherung individuelle Risikofaktoren grundsätzlich keine Rolle. Dies bedeutet, dass die Entstehung eines Versicherungsverhältnisses nicht von einer ärztlichen Voruntersuchung oder Auskünften des Versicherten über seinen Gesundheitszustand abhängt. Die Höhe der Beiträge richtet sich in der Sozial-versicherung grundsätzlich nicht nach dem Gesundheitszustand des Versicherten, sondern nach anderen Kriterien, insbesondere der wirtschaftlichen Leistungsfähigkeit. Es findet somit ein *prämienneutraler sozialer Ausgleich* zwischen guten und schlechten Risiken statt; folglich können auch prädiktive genetische Tests im Bereich der Sozialversicherung keine Rolle spielen.

Anders verhält es sich jedoch im Bereich der Privatversicherung, d.h. insbesondere der privaten Kranken- und Lebensversicherung. Sie ist *grundsätzlich risikobezogen*, d.h. der Versicherer kann den Abschluss einer Privatversicherung von den individuellen Risiken des Bewerbers abhängig machen; ferner steht es ihm frei, die Ausgestaltung des Versicherungsvertrages, insbesondere die Höhe der Prämie, nach den individuellen Risiken des Versicherten auszurichten. Inwieweit zur Einschätzung des individuellen Risikos prädiktive genetische Tests herangezogen werden dürfen, ist umstritten.[83]

Es ist doch beruhigend zu wissen, dass wir mit den Regelungen der Sozialversicherungen „ohne Ansehen der Person" abgesichert sind. So haben wir Bürger doch die Freiheit, eine Entscheidung treffen zu können, ohne dabei die finanziellen Risiken allzu stark bewerten zu müssen. Schade ist allerdings, dass es Menschen mit einer Behinderung oder einer Krankheit sehr schwer gemacht wird, sich zusätzlich abzusichern.
Denken wir doch nur mal an die Begriffsbestimmungen der *Behinderung* zurück. Eine Behinderung kann auch eine starke Einschränkung der Sehfähigkeit sein. Da sich Menschen mit einer Sehschwäche aber nicht zusätzlich absichern können, müssen sie die Kosten für eine Brille fast in vollem Umfang selber bezahlen.
Menschen, die ein Down-Syndrom haben, sind nicht in der Lage, eine private Lebensversicherung abzuschließen, um beispielsweise ihren Partner abzusichern.

---

[83] Vgl. Taupitz, Jochen: a.a.O., S. 433

Der Mensch wird im Versicherungswesen wie auch in den gesetzlichen Sozialversicherungen nach seiner wirtschaftlichen Leistungsfähigkeit bewertet. Aber welche Konsequenzen ergeben sich daraus für die Schwangere und ihren PartnerIn, die durch eine Schwangerschaftsuntersuchung erfahren haben, dass ihr ungeborenes Kind eine Behinderung haben wird? In Deutschland brauchen sich zum jetzigen Zeitpunkt die Schwangere und ihr PartnerIn noch keine Gedanken über eventuelle Konsequenzen machen. Wenn aber ein Mensch nach seiner wirtschaftlichen Leistungsfähigkeit beurteilt würde, läge es doch nahe eine Rechnung aufzustellen:

> wirtschaftliche Leistungsfähigkeit
> - Kosten die ein behinderter Mensch in seinem Leben verursacht
> --
> = Gewinn/Verlust für die Versicherung ⇒ Belastung für die Allgemeinheit

Im Zeitalter der „leeren Kassen" könnten an dieser Stelle – rein volkswirtschaftlich betrachtet – nicht unerhebliche Einsparmöglichkeiten gesehen werden. Die Entscheidung der Eltern könnte, nach positiver Pränataler Diagnostik, durch die folgenden beiden Aspekte erheblich beeinflusst werden:

a. Entscheidung *für einen Schwangerschaftsabbruch*,

> ⇒ Schwangerschaftsabbruch wird von der Krankenversicherung bezahlt

b. Entscheidung *für das Kind*,

> ⇒ alle möglichen Folgekosten die die Behinderung des Kindes mit sich bringen können, müssten aus eigener Tasche finanzieren werden.

Ein behindertes Kind würde somit zu einem „Luxusgut" das sich nicht jeder Bürger leisten könnte, und die PD könnte ein willkommenes Instrument werden diesem Risiko entgegenzutreten.

6.2 Genetische Tests bei der Einstellung von Arbeitnehmern

Inwieweit ein Arbeitgeber von einem Stellenbewerber Informationen über dessen Gesundheitszustand einholen darf, ist nur im Hinblick auf ganz bestimmte Berufe spezialgesetzlich geregelt. Für das Recht der Arbeitgebers, Fragen zum Gesundheitszustand des Stellenbewerbers zu stellen, gelten im übrigen die Grundsätze, die das Bundesarbeitsgericht für das Fragerecht des Arbeitgebers zum

Gesundheitszustand des Stellenbewerbers nur dann als zulässig, wenn der Arbeitgeber ausnahmsweise ein berechtigtes Interesse an den gewünschten Informationen hat. Ein das Interesse des Bewerbers am Schutz seiner Privatsphäre überwiegendes berechtigtes Interesse des Arbeitgebers liegt, z.b. dann vor, wenn er wissen möchte, ob bei dem Stellenbewerber eine Beeinträchtigung des Gesundheitszustandes vorliegt, durch die die Eignung für die vorgesehene Tätigkeit auf Dauer oder in periodisch wiederkehrenden Abständen eingeschränkt ist. Fragen nach dem allgemeinen Gesundheitszustand sind unzulässig. Entsprechend wäre auch das Verlangen einer allgemeinen medizinischen Untersuchung, an deren Ergebnis kein berechtigtes Interesse des Arbeitgebers besteht, unzulässig.[84]

Daraus lässt sich ableiten, dass zum jetzigen Zeitpunkt in Deutschland, nicht zuletzt wegen des Datenschutzes, ein genetisches Testergebnis die berufliche Zukunft nicht einschränkt. Je nach Art und schwere einer Behinderung wird der Betreffende aber als Schwerbehindert eingestuft und hat somit einen anderen Stellenwert in einem Arbeitsverhältnis. Dazu gehören eine Pausen- und Urlaubsregelung ebenso wie ein anderer Kündigungsschutz. Das sind Vorteile, die der Gesetzgeber geschaffen hat, um eine berufliche Integration von Menschen mit einer Behinderung zu erleichtern oder diese erst zu ermöglichen.

Es ist allerdings nicht außer acht zu lassen, dass der Schwerbehindertenstatus einige Nachteile mit sich bringt. Bei der momentanen wirtschaftlichen Situation in Deutschland, in der die Arbeitslosenzahlen von Monat zu Monat steigen, wird es für Menschen mit einer Behinderung nicht einfacher sich im freien Arbeitsmarkt zu etablieren.

    wirtschaftliche Leistungsfähigkeit
-     Kosten die die Gesellschaft tragen muss (Arbeitslosigkeit, spezielle Arbeitsformen, Unfähigkeit einer Arbeit nachzugehen, usw,)

    =   Gewinn/Verlust für die Gesellschaft

Da der Mensch ganz allgemein an seiner Leistungsfähigkeit und Produktivität gemessen wird, müssten sich die werdenden Eltern also auch über die berufliche Perspektive ihres Ungeborenen Gedanken machen um eine adäquate Entscheidung, über ein Fortführen der Schwangerschaft bei entsprechender Diagnose, zu treffen.

---

[84] Vgl. . Taupitz, Jochen: a.a.O., S. 444 ff.

7.   Der Schwangerschaftsabbruch

Bei meiner Internetrecherche zum Thema Schwangerschaftsabbruch bin ich unter anderem auch auf einigen kirchlichen Seiten gewesen. Mit Erschrecken musste ich feststellen, dass werdende Eltern, die sich informieren wollen, sich mit Bildern konfrontiert sehen, die sich in das Gedächtnis einbrennen. Auf mehreren Seiten wurde der Schwangerschaftsverlauf anhand der Entwicklung des Ungeborenen im Mutterlaib dargestellt und in direkter Gegenüberstellung wurde die jeweilige Abbruchmethode erläutert und ebenfalls mit Bildern illustriert. Diese Bilder haben mich wirklich sehr berührt. Müssen werdende Eltern auf diese Weise informiert werden, welche Möglichkeiten sie haben? Ich denke, dass jeder ein Recht auf eine möglichst objektive Beratung haben sollte. Mein Wunsch wäre, dass die Soziale Beratung bereits vor einem möglichen Konflikt stattfindet, und nicht erst wenn es darum geht sich über eine Abtreibung Gedanken zu machen.

Da die Beratungsstellen, nachdem sie den Beratungsschein ausgestellt haben, keine Rückmeldung bekommen, wie sich die Mutter entschieden hat, konnte ich auch keine empirische Untersuchung finden, die den „Erfolg" einer solchen Beratung misst.

Bevor ich auf den Schwangerschaftsabbruch näher eingehe, möchte ich anhand von einigen Tabellen darstellen, wie die Sachlage in Deutschland momentan ist.

Schwangerschaftsabbrüche in Deutschland 1998 bis 2002 nach rechtlicher Begründung, Dauer der Schwangerschaft und vorangegangenen Lebendgeborenen					
Gegenstand der Nachweisung	1998	1999	2000	2001	2002
Insgesamt	131 795	130 471	134 609	134 964	130 387
Rechtliche Begründung					
Medizinische Indikation	4 338	3 661	3 630	3 575	3 271
Kriminologische Indikation	34	34	34	49	37
Beratungsregelung	127 423	126 776	130 945	131 340	127 079
Dauer der Schwangerschaft Dauer von ... bis unter ... Wochen					
unter 13	129 411	128 458	132 512	132 883	128 338
13 - 23	2 209	1 849	1 943	1 904	1 861
23 und mehr	175	164	154	177	188
vorangegangene Lebendgeborene					
Keine	48 993	49 075	51 687	53 352	51 941
1	33 262	32 959	34 268	34 413	33 147
2	34 175	33 235	33 361	32 277	31 302
3	11 026	10 847	11 040	10 705	9 992
4	3 003	2 980	2 900	2 883	2 725
5 und mehr	1 336	1 375	1 353	1 334	1 280

Aktualisiert am 31. März 2003
Quelle: Statistisches Bundesamt Deutschland[85]

Schwangerschaftsabbrüche in Deutschland 1998 bis 2002 nach dem Alter der Frauen und Quote je 10.000 Frauen der Altersgruppe					
	1998	1999	2000	2001	2002*
Insgesamt	131 795	130 471	134 609	134 964	130 387
Alter von ... bis unter ... Jahren					
unter 15	453	467	574	696	761
15 - 18	5 104	5 266	5 763	6 909	6 682
18 - 20	7 760	8 493	9 167	9 544	9 266
20 - 25	25 731	26 176	28 584	30 120	29 923
25 - 30	30 931	29 022	29 212	27 897	26 550
30 - 35	31 928	30 611	30 361	29 053	27 068
35 - 40	21 667	22 193	22 359	22 091	21 405
40 - 45	7 560	7 583	7 891	8 025	8 045
45 - 55	661	660	698	629	687

*Vorläufige Berechnung für 2002.

Aktualisiert am 31. März 2003

Quelle: Statistisches Bundesamt Deutschland[86]

---

[85] Vgl. http://www.destatis.de/basis/d/gesu/gesutab16.htm, 14.05.2003
[86] Vgl. http://www.destatis.de/basis/d/gesu/gesutab17.htm, 14.05.2003

Um die Folgen der Gesetzesänderungen im Laufe der Zeit verfolgen zu können, ist eine spezielle statistische Erfassung derjenigen Schwangerschaftsabbrüche, bei denen eine fetale Erkrankung, Entwicklungsstörung oder Anlageträgerschaft für eine Erkrankung für die medizinische Indikationsstellung von Bedeutung ist, erforderlich. Hierfür müssen die gesetzlichen Voraussetzungen noch geschaffen werden.[87]

Bis heute werden Schwangerschaftsabbrüche aufgrund von fetalen Erkrankungen weder von den Ärzten noch von den Krankenkassen erfasst. Nach Auskunft eines Mitarbeiters der DAK[88] haben die Krankenkassen auch keinerlei Einfluss auf die ärztliche Entscheidungsgewalt. Wird ein Schwangerschaftsabbruch mit medizinischer Indikation durchgeführt, erhalten die Krankenkassen lediglich die *Rechnung*.

Wenn man sich die Einsparungsmaßnahmen der Krankenkassen und die finanziellen Probleme ansieht, ist es gut, dass der ökonomische Aspekt bisher einen sehr geringen Stellenwert einnimmt. Die Krankenkassen könnten aus betriebswirtschaftlicher Sicht viel Geld sparen, wenn sie durch eine gute und effektive Pränataldiagnostik, Behinderungen frühzeitig erkennen und einen Schwangerschaftsabbruch aus medizinischer Indikation finanzieren würden. Damit könnten die Ärzte beeinflusst werden, die Schwangere auch hinsichtlich der Kosten-Nutzen Perspektive zu beraten.

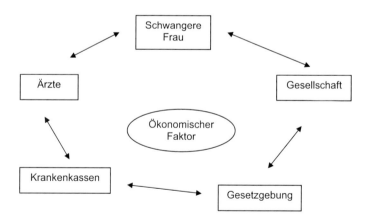

---

[87] Vgl. Dt. Ärzteblatt 1998;95: A-3013-3016 [Heft 47
[88] Deutsche Angestellten Krankenkasse

7.1   Pränatale Diagnostik und Schwangerschaftsabbruch

Auf einer ganz grundsätzlichen Ebene ist der eigentliche Sinn der Pränatalen Diagnostik die Feststellung, ob das ungeborene Kind gesund ist. Erfolgt die Diagnose einer Erkrankung oder Schädigung, so stellt sich die Frage, was zu tun ist. Eser stellt *fünf Kategorien* auf, in die die erkennbaren Erkrankungen oder Schädigungen aufgeteilt werden können:

1. behandelbare fetale Erkrankungen, die nach der Geburt lediglich kontrolliert werden müssen
2. fetale Erkrankungen, die behandelbar sind und sofort nach der Geburt behandelt werden müssen
3. fetale Erkrankungen, die einen operativen Eingriff im Rahmen der Geburtshilfe erforderlich machen
4. nicht behandelbare Erkrankungen des Fötus, die zum Tode des Neugeborenen bzw. Säuglings führen werden
5. vor der Geburt behandelbare Erkrankungen[89]

Bei dieser Aufzählung wurde allerdings eine Kategorie vergessen, ich würde sie folgendermaßen hinzufügen:

6. fetale Erkrankungen bzw. Schädigungen, die irreversibel[90] sind und nicht zum baldigen Tod führen

Zu dieser sechsten Kategorie zählen chromosonale Erkrankungen und Gendefekte, wie z.B. die Trisomie 21, bei der ca. 80 % der Menschen das 30. Lebensjahr erreichen.

Wird eine solche Schädigung diagnostiziert, werden die betreffenden Mütter und deren PartnerInnen mit der Frage konfrontiert, ob sie das Kind wollen oder ob sie sich dagegen entscheiden, was einen Schwangerschaftsabbruch bedeuten würde.

---

[89] Vgl. Eser, Albin: Lexikon Medizin, Ethik, Recht. Darf die Medizin was sie kann? Information und Orientierung. Freiburg/Basel/Wien, 1998. Aus: Dederich, Markus: Behinderung – Medizin – Ethik, Behindertenpädagogische Reflexionen zu Grenzsituationen am Anfang und Ende des Lebens. Bad Heilbrunn, Klinkhardt, 2000
[90] irreversibel [lateinisch], *allgemein:* nicht umkehrbar, nicht rückgängig zu machen. Aus: Bibliographisches Institut & F.A. Brockhaus AG; Der Brockhaus multimedial 2002; Mannheim 2001

Wenn eine Schädigung festgestellt wird, entscheiden sich viele Frauen dafür, die Schwangerschaft nicht fortzusetzen. Aus diesem Grund ist das Feld der pränatalen Diagnostik eng mit dem Schwangerschaftsabbruch verbunden. [91]

Der neuen gesamtdeutschen Abtreibungsregelung zufolge genießt jeder Fötus das volle Personenrecht; ihm wird menschliche Würde und Lebensrecht zugeschrieben. Dennoch ist die seit 1995 in Kraft befindliche Regelung eine verkappte, an eine medizinische oder kriminologische Indikation gekoppelte Fristenregelung. Frauen, die abtreibungswillig sind bzw. einen Schwangerschaftsabbruch in Erwägung ziehen, müssen sich nach §219 mindestens drei Tage vor dem Eingriff einer Beratung unterziehen, deren Ziel laut gesetzlicher Regelung ist, die Frauen zu einer Fortsetzung der Schwangerschaft zu motivieren.

In der neuen Fassung des § 218a Abs. 2 StGB ist festgehalten, dass der Schwangerschaftsabbruch dann nicht rechtswidrig ist, „wenn der Abbruch der Schwangerschaft unter Berücksichtigung der gegenwärtigen und zukünftigen Lebensverhältnisse der Schwangeren nach ärztlicher Erkenntnis angezeigt ist, um eine Gefahr für das Leben oder die Gefahr einer schwerwiegenden Beeinträchtigung des körperlichen oder seelischen Gesundheitszustandes der Schwangeren abzuwenden, und die Gefahr nicht auf eine andere für sie zumutbare Weise abgedeckt werden kann."
Nach dieser Regelung kann eine Schwangerschaft also nur dann mit medizinischer Indikation abgebrochen werden, wenn ihre Fortsetzung die Gesundheit oder das seelische Wohl der Mutter in Gefahr bringen könnte.
Der Tod des Kindes ist in diesem Fall eine zwar unvermeidbare, jedoch nicht primär beabsichtigte Folgeerscheinung des Eingriffs. Auch wenn nach einer PD eine Schädigung festgestellt wird, ist eine Abtreibung nur dann rechtens, wenn die Geburt dieses geschädigten Kindes für die Frau zu einer unzumutbaren Belastung wird. [92]

Es steht fest, dass die pränatale Diagnostik zwar nicht flächendeckend praktiziert wird, aber dennoch eine feste Größe im Bereich der medizinischen Betreuung, Versorgung und Begleitung schwangerer Frauen geworden ist, und auch das Bewusstsein, dass Vorsorge in diesem Bereich wichtig und weit verbreitet ist. Durch die gesetzlichen Regelungen gibt es jetzt auch kein zeitliches Limit mehr, während normale Abbrüche bis zur 12. SSW

---

[91] Vgl. Dederich, Markus: Behinderung – Medizin – Ethik, Behindertenpädagogische Reflexionen zu Grenzsituationen am Anfang und Ende des Lebens. Bad Heilbrunn, Klinkhardt, 2000, S. 266
[92] Vgl. Dederich, Markus: a.a.O., S. 266

zugelassen sind, darf *bei medizinischer Indikation zu jedem Zeitpunkt der Schwangerschaft abgebrochen werden.*[93]

Welche fragwürdigen Konsequenzen das Fehlen einer Frist bei Vorliegen einer medizinischen Indikation nach sich ziehen kann, hat ein Ereignis deutlich gemacht, das sich in der Städtischen Frauenklinik Oldenburg zugetragen hat. Dort sollte ein Kind, bei dem erst spät eine Trisomie 21 diagnostiziert wurde, durch Einleitung einer künstlichen Geburt abgetrieben werden. Das Baby überlebte diesen Eingriff mit einem Geburtsgewicht von 690 Gramm und wurde 10 Stunden lang nicht behandelt, erst dann begannen die Ärzte mit der Versorgung des Babys. Die Mutter des Kindes wollte daraufhin die Ärzte verklagen, weil diese sie nicht über das Risiko aufgeklärt hatten, dass das Kind diese künstliche Geburt überleben könnte. In diesem Zusammenhang wurde auch bekannt, dass nach Schätzung eines Gynäkologen aus Hannover bei etwa 30 Prozent der Abtreibungen nach der 20. SSW der Fötus den Eingriff überlebt.[94]

Dass der späte Schwangerschaftsabbruch aufgrund einer diagnostizierten Trisomie 21 erfolgte, macht deutlich, dass mit der Sonderregelung des Abtreibungsrechts die Zuerkennung eines ungeteilten Lebensschutzes faktisch wieder aufgehoben wird. Hier liegt eine potentielle Diskriminierung behinderten Lebens vor, weil das Austragen eines behinderten Kindes als Übersteigen einer *zumutbaren Opfergrenze* angesehen wird. Damit tritt auch eine zentrale Funktion der pränatalen Diagnostik hervor, sie soll nicht eine Therapie ermöglichen wie andere medizinische Diagnoseverfahren, sondern wird angewandt, um die Geburt unerwünschter Kinder zu vermeiden.[95]

Natürlich werden die Frauen und ihre PartnerInnen nach einer positiven Diagnose nicht gezwungen, einen Schwangerschaftsabbruch vorzunehmen. Die Eltern, die sich allerdings für das Kind entscheiden, kommen jedoch in den gesellschaftlichen Druck, sich für diese Entscheidung rechtfertigen zu müssen. Hier ist recht wenig Verständnis für diese Paare zu finden, während Paare, die sich für einen Schwangerschaftsabbruch entscheiden, eher die Unterstützung aus dem sozialen Umfeld und der Gesellschaft haben.

---

[93] Vgl. Kuhlmann, Andreas: Abtreibung und Selbstbestimmung. Die Intervention der Medizin. Frankfurt, 1996, S. 267. Aus: Dederich, Markus: a.a.O.
[94] Vgl. Quoirin, Marianne: Auf Leben und Tod. Gesunde Kinder um jeden Preis? Die Diskussion um Abtreibung beginnt von neuem. In: Kölner Stadt-Anzeiger vom 6.01.1998, S.3.
Aus: Dederich, Markus: a.a.O.
[95] Vgl. Dederich, Markus: a.a.O., S. 269

Unter dem Gesichtspunkt der unterschiedlichen Begriffsbestimmungen *Behinderung* betrachtet und der gesetzlichen Regelung, dass der Abbruch einer Schwangerschaft mit einer medizinischen Indikation gewährleistet ist, wenn der „Frau durch das Austragen des Kindes eine Belastung erwächst, die so schwer und außergewöhnlich ist, dass sie die zumutbare Opfergrenze übersteigt"[96], muss man davon ausgehen, dass den Paaren individuelle Beratungsangebote zur Verfügung stehen und gemeinsam mit ihnen erarbeitet wird, was eine Behinderung für das Kind und die Mutter bedeutet und wie damit umgegangen werden könnte. Die Paare müssen sich intensiv mit dem Thema Behinderung auseinandersetzen, bevor sie eine qualifizierte Entscheidung treffen können. Die Opfergrenze müsste mit der Schwangeren erarbeitet werden. Das wird sicherlich nicht in einem Beratungsgespräch zu leisten sein, es muss von einem Entscheidungs-findungsprozess ausgegangen werden, bei dem das Paar medizinische, soziale und emotionale Unterstützung vom Umfeld bekommt.

Kriterien, die die individuelle Opfergrenze beeinflussen:
- Gesellschaft
- soziales Umfeld (Familie, Freunde, PartnerIn)
- Religion
- Sozialisation
- Persönliche Wert- und Normvorstellungen
- Finanzielle Verhältnisse
- Familienstand
- Gesundheitszustand der Schwangeren (physisch und psychisch)
- ...

Gefahren bei der Festlegung der individuellen Opfergrenze:
- **Grenzsetzung**
  Ist es wirklich ein Gendefekt / die Trisomie 21, die diese Grenze überschreitet?
- **Slippery slop**
  Gibt es einen Gewöhnungseffekt? Reicht eine angeborene Allergie, eine vererbte Schuppenflechte bereits aus um die Opfergrenze zu übersteigen?
- **Risiko**
  Reicht ein erhöhtes Risiko, dass das Kind irgendwann einmal an Krebs sterben wird, für die Paare aus, um eine Entscheidung zu fällen?

---

[96] § 219 Abs.1 StGB

- **Individuelle Persönlichkeitseigenschaften**

  Wie ist die emotionale Befindlichkeit / psychische Stabilität der Mutter?

- **Soziale Kompetenz**

  Hat die Mutter schon Handlungsstrategien entwickelt, um mit der Diagnose umzugehen?

- **Erfahrungen**

  Hat die Schwangere / oder eine Bezugsperson bereits einen oder mehrere Schwangerschaftsabbrüche hinter sich?

- ...

Ich bin davon ausgegangen, dass es diese individuellen Beratungsangebote für Paare bereits gibt, musste dann aber feststellen, dass die reguläre Beratung fast ausschließlich durch den Frauenarzt erfolgt und in der alltäglichen Praxis nicht in gewünschter Art und Weise durchgeführt werden kann.

8. Der Stellenwert der Menschenwürde

8.1 Begriffsbestimmung Menschenwürde

Menschenwürde ist der Anspruch des Menschen, als Träger geistig-sittlicher Werte um seiner selbst willen geachtet zu werden. Sie verbietet jede erniedrigende Behandlung oder die Behandlung eines Menschen als »bloßes Objekt«. Nach Artikel 1 Absatz 1 GG ist die Menschenwürde unantastbar; sie zu achten und zu schützen ist Verpflichtung aller staatlichen Gewalt. Die praktische Bedeutung dieser Bestimmung tritt hinter den spezielleren Grundrechten zurück, die ihrerseits durch die Menschenwürde geprägt sind.[97]

8.2 Grundrechte und Menschenwürde

In Deutschland sind die wichtigsten Grundrechte im Grundgesetz, Abschnitt I, enthalten: die Menschenwürde; die freie Entfaltung der Persönlichkeit; das Recht auf Leben und körperliche Unversehrtheit und die Freiheit der Person; der Gleichheitssatz; die Glaubens-, Gewissens- und Bekenntnisfreiheit einschließlich der Religionsfreiheit; Meinungs-, Informations- und Pressefreiheit und andere.

---

[97] Vgl. Bibliographisches Institut & F.A. Brockhaus AG; Der Brockhaus multimedial 2002; Mannheim 2001

Träger der Grundrechte sind natürliche Personen, juristische Personen des Privatrechts insoweit, als sie ihrer wesensgemäß bedürfen, wobei bestimmte Grundrechte als »Menschenrechte« (z.B. die Menschenwürde) jedermann zustehen, während andere Grundrechte als »Bürgerrechte« im Allgemeinen nur Deutschen, im Kern jedoch auch Ausländern Schutz gewähren (z.B. Versammlungsfreiheit).

Ihrem Wesen nach sind Grundrechte Abwehrrechte des Bürgers gegen den Staat; gleichzeitig verbürgen sie das Recht auf Mitwirkung im staatlichen Gemeinwesen und bilden die Grundlage für den Anspruch der Grundrechtsträger auf Teilhabe an den staatlichen Leistungssystemen im Rahmen des vernünftigerweise Möglichen.

Die Grundrechte wenden sich an alle drei Staatsgewalten und bilden daher auch die gesetzgebende Gewalt. Diese darf ein Grundrecht durch Gesetz grundsätzlich nur dann einschränken, wenn das Grundrecht diese Beschränkung ausdrücklich vorsieht. In keinem Fall darf ein Grundrecht in seinem Wesensgehalt angetastet werden.[98]

Grundrechte sind u.a. auch in der Europäischen Menschenrechtskonvention und in der Europäischen Grundrechte Charta enthalten; sie haben jedoch keinen Verfassungsrang.[99]

8.3 Der humangenetische „Mythos der Normalität"

Mittlerweile mehren sich die kritischen Einwände gegen die eugenischen[100] Zielsetzungen und präventiven Praktiken, die keine Heilung im medizinischen Sinne sind, sondern in der Tendenz bloße Selektion von auserwähltem, als qualitativ wertvoll erachtetem genetischen Menschenmaterial darstellen. Das immer häufiger als eugenische Zielsetzung vorgebrachte Argument der Vermeidung von Leid und die in diesem Zusammenhang angeführten, altbekannten Kosten-Nutzen-Analysen als Beleg von den sozialen Folgekosten und deren Vermeidung durch präventive Maßnahmen erinnern auf fatale Weise an bekannte Argumentationsmuster der Rassenhygiene.

---

[98] Vgl. Art. 19 Abs. 2 GG

[99] Vgl. Bibliographisches Institut & F.A. Brockhaus AG; Der Brockhaus multimedial 2002; Mannheim 2001

[100] Eugenik [griechisch, Lehre von der »guten« Erbveranlagung] *die* (Erbgesundheitslehre, Erbhygiene), von dem britischen Naturforscher F. Galton 1883 geprägte Bezeichnung für die Lehre von der Verbesserung des Erbguts. Ziel eugenischer Maßnahmen ist es, unter Anwendung genetischer Erkenntnisse den Fortbestand günstiger Erbanlagen in einer menschlichen Population zu sichern und zu fördern (positive Eugenik) sowie die Ausbreitung nachteiliger Gene einzuschränken (negative oder präventive Eugenik). In der Zeit des Nationalsozialismus wurde mit der Eugenik der Massenmord an geistig und körperlich behinderten Menschen begründet (Euthanasie). Aus: Bibliographisches Institut & F.A. Brockhaus AG; Der Brockhaus multimedial 2002; Mannheim 2001

Darüber hinaus wird durch die in Aussicht gestellte behindertenfreie Welt und eine totale Prophylaxe von Krankheit und Leid ein humangenetisch konstituierter Mythos der Normalität geschaffen, mit dem aus dieser Perspektive Behinderung zum vermeidbaren, nicht lebenswerten Leidenszustand wird. Die Nicht-Existenz, der Tod scheint aus der genetischen Normalitäts- bzw. der dort verankerten ökonomischen Bewertungsperspektive die einzig vorstellbare Erlösungs-Alternative. Bewertungsmaßstäbe sind dort keinesfalls subjektive Sinndimensionen von wie auch immer gearteten Menschen. Es spielt bei diesen Überlegungen keine Rolle, dass z.b. Menschen mit Down-Syndrom, die auch unter dieses Lebensunwert-Kriterium fallen, sehr wohl ein für sich sinnvolles und erfülltes Leben führen können.

Das humangenetische Ziel ist die Erschaffung qualitativ hochwertiger, leidensfreier, im sozialen Reproduktionsprozess verwertbarer Menschen. Das übergeordnete Ziel ist eine humangenetisch konstituierte „Normalität", der das Andere dieser Normalität (das genetisch Minderwertige) zum vermeidbaren Risiko wird. Das den erwünschten Gütekriterien nicht entsprechende „Un-Normale" kann nun, ganz im Gegensatz zu den Euthanasieexzessen früherer Zeiten, völlig unspektakulär und klinisch sauber mittels molekularbiologischer Selektion oder pränataler Eingriffe entsorgt, bzw. durch die bereits praktizierten „neuen Reproduktionstechnologien" vermieden werden. Das Gemeinsame ist die qualitative Bewertung von menschlichem Leben und die Vision der Züchtung des idealen Menschen.[101]

---

[101] Vgl. Mattner, Dieter: Behinderte Menschen in der Gesellschaft. Zwischen Ausgrenzung und Integration. Stuttgart/Berlin/Köln: Kohlhammer, 2000, S. 128

9. Information und Beratung von schwangeren Frauen

„Ich fühle mich mit der Entscheidung
absolut auf mich gestellt.

Der Vater von meinem Kind ist völlig verständnislos,
daß ich überhaupt unter Entscheidungsdruck stehe.

"Je größer das Kind wird,
desto größer werden die Probleme mit ihm sein!"
Wenn ich von unserem "Kind" spreche,
sagt er: "Es ist noch kein Kind!"

In jedem Fall,
und da hat er die volle Unterstützung in seinem Freundeskreis,
findet er ein Weiterleben unseres Kindes mit seinen Behinderungen
auch für das "arme Kind"
"unzumutbar" und "unverantwortlich" - eine "Quälerei"."[102]

Den werdenden Eltern obliegt nach den bisherigen interdisziplinären Betrachtungen eine enorme Verantwortung und sie müssten sich, um dieser Verantwortung gerecht zu werden, umfassend über mögliche Folgen eines Abbruchs der Schwangerschaft sowie über das Fortführen informieren. Als Ansprechpartner stehen ihnen Mediziner zur Verfügung oder eine Schwangerschaftskonfliktberatungsstelle. Aber wodurch kommen die werdenden Eltern in den Konflikt, eine Schwangerschaft frühzeitig beenden zu wollen? Der medizinische Rat des Frauenarztes spielt sicherlich eine bedeutende Rolle. Dieser Rat ist aber abhängig von den Wert- und Normvorstellungen des Mediziners, die auch aus seinen Überzeugungen und Erfahrungen heraus entstehen. Aber werden diese nicht wieder von der Gesellschaft geprägt?

---

[102] http://www.chius.ch/viktoria11/meinkleineskind/4aufmich.html, 20.05.03

Folgender Kreislauf ergibt sich bisher:

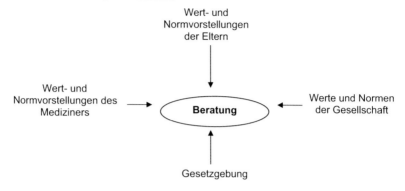

9.1 Überblick über medizinische Beratungsinhalte

Die Komplexität der pränatalen Diagnostik erfordert es, dass die Schwangere von dem Zeitpunkt an, an dem sie ärztliche Hilfe in Anspruch nimmt, beratend und informierend begleitet wird. Dabei ist der Beratungs- und Informationsbedarf zu verschiedenen Zeitpunkten während und nach der Schwangerschaft unterschiedlich.

Die ungezielte pränatale Diagnostik, z.B. die im Mutterpass verankerten Ultraschall-untersuchungen auf Entwicklungsstörungen, obwohl nicht mit einem spezifischen körperlichen Risiko verbunden, bedarf gleichwohl einer aufklärenden Beratung. Die Schwangere soll *vor Durchführung* einer gezielten PD ausführlich beraten werden über:

- Anlass für die Untersuchung,
- Ziel der Untersuchung,
- Risiko der Untersuchung,
- Grenzen der pränatalen diagnostischen Möglichkeiten und pränatal nicht erfassbare Störungen,
- Sicherheit des Untersuchungsergebnisses,
- Art und Schweregrad möglicher oder vermuteter Störungen,
- Möglichkeiten des Vorgehens bei einem pathologischen Befund,
- psychologisches und ethisches Konfliktpotential bei Vorliegen eines patholo-gischen Befundes,
- Alternativen zur Nicht-Inanspruchnahme der invasiven pränatalen Diagnostik.

Die Einwilligung der Schwangeren nach der Aufklärung ist eine unverzichtbare Voraussetzung für jede Maßnahme der pränatalen Diagnostik.[103]

9.2   Die ärztliche Beratung nach gesicherter Diagnose

„Eine gesicherte Diagnose setzt eine qualifizierte pränatalmedizinische Untersuchung voraus. Als gesichert kann eine Diagnose dann angesehen werden, wenn sie von einem für die jeweilige Diagnostik qualifizierten Arzt erbracht und gegebenenfalls durch einen zweiten Untersucher bestätigt wurde."[104]

Die Schwangere kann eine Entscheidung darüber, ob sie einen Schwangerschafts-abbruch in Erwägung zieht, nur dann in verantwortungsvoller Weise treffen, wenn sie umfassend aufgeklärt und beraten worden ist. Ärzte haben ohne ein eingehendes Gespräch mit der Schwangeren keine Grundlage für die Indikationsstellung. Die Beratungen müssen ergebnisoffen und nichtdirektiv erfolgen. Die Teilnahme des Vaters an der Beratung ist wünschenswert.[105]

Folgende Aspekte sind zunächst Gegenstand der Beratungsgespräche mit Ärzten entsprechender Fachgebiete:

- Erläuterung des Befundes
- die Art der Erkrankung, Entwicklungsstörung oder Anlageträgerschaft für eine Erkrankung[106]
- die möglichen Ursachen der Erkrankung
- das zu erwartende klinische Bild mit dem Spektrum der Manifestationsformen und mögliche Schweregrade
- die therapeutischen Möglichkeiten
- die möglichen Folgen der Erkrankung für das Leben der Schwangeren und ihrer Familie
- das Erleben und die Einschätzung der Erkrankung durch andere betroffene Personen
- medizinische, psychosoziale und finanzielle Hilfsangebote

---

[103] Vgl. Dt. Ärzteblatt 1998; 95: A-3236-3242 [Heft 50]
[104] Dt. Ärzteblatt 1998;95: A-3013-3016 [Heft 47]
[105] Vgl. Dt. Ärzteblatt 1998;95: A-3013-3016 [Heft 47]
[106] wenn im Folgendem von Erkrankung gesprochen wird, ist die Entwicklungsstörung und die Anlageträger-schaft für eine Erkrankung mit eingeschlossen

- die Möglichkeit der Vorbereitung auf das Leben mit dem kranken/behinderten Kind, auch im Hinblick auf das soziale Umfeld
- das Angebot der Vermittlung von Kontaktpersonen, Selbsthilfegruppen und anderen unterstützenden Stellen
- die etwaige Erwägung des Abbruchs der Schwangerschaft, wenn der beratende Arzt den Eindruck hat, dass die Voraussetzungen nach § 218a Abs. 2 StGB[107] gegeben sind[108]

9.3 Beratungsaspekte bezüglich eines Schwangerschaftsabbruchs

Wenn die Frau einen Schwangerschaftsabbruch wünscht oder erwägt, müssen beim Beratungsgespräch *folgende Aspekte* beachtet werden:

- Die formalen und rechtlichen Voraussetzungen eines Schwangerschaftsabbruchs mit der Aufklärung darüber, dass Gegenstand der Indikation nicht die Erkrankung des Ungeborenen ist, sondern *ausschließlich die Unzumutbarkeit für die Schwangere*, die für sie entstehende Gefahr einer Beeinträchtigung ihres körperlichem oder seelischen Gesundheitszustandes auf anderer Weise abzuwenden als durch einen Schwangerschaftsabbruch
- Art und Schwere der drohenden gesundheitlichen Gefährdung der Schwangeren
- Medizinische, psychosoziale und finanzielle Hilfsangebote, die es der Schwangeren ermöglichen können, die gesundheitliche Gefährdung auf andere Weise abzuwenden als durch einen Schwangerschaftsabbruch
- Die verschiedenen Methoden des Schwangerschaftsabbruchs und ihre jeweiligen Risiken
- Die möglichen psychischen Folgeprobleme und ihre Behandlungsmöglichkeit
- Die Einhaltung einer angemessenen Bedenkzeit zwischen Beratungen und Schwangerschaftsabbruch
- Bei fortgeschrittener Schwangerschaft die Möglichkeit der Geburt eines lebenden und lebensfähigen Kindes mit der ärztlichen Pflicht das Kind zu behandeln, sowie den

---

[107] „Der Schwangerschaftsabbruch ist nicht rechtswidrig, wenn der Abbruch der Schwangerschaft unter Berücksichtigung der gegenwärtigen und zukünftigen Lebensverhältnisse der Schwangeren nach ärztlicher Erkenntnis angezeigt ist, um eine Gefahr für das Leben oder die Gefahr einer schwerwiegenden Beeinträchtigung des körperlichen oder seelischen Gesundheitszustandes der Schwangeren abzuwenden, und die Gefahr nicht auf eine andere für sie zumutbare Weise abgedeckt werden kann."
[108] Vgl. Dt. Ärzteblatt 1998;95: A-3013-3016 [Heft 47]

durch den frühen Geburtszeitpunkt bedingten zusätzlichen gesundheitlichen Risiken für das Kind

- Die Möglichkeit psychosozialer Betreuung nach einem Schwangerschaftsabbruch
- Die gesetzlichen Regelungen bei Lebend- und Totgeburt[109]

„Bei Bedarf sollen Ärzte oder Berater spezieller Fachgebiete hinzugezogen werden. Die beratenden Ärzte haben die Gespräche zu dokumentieren."[110]

Die Mitteilung eines pathologischen Befundes an die Schwangere hat durch den behandelnden und/oder beratenden ÄrztIn zu erfolgen.

Der Hinweis auf das psychologische und ethische Konfliktpotential bei pathologischen Befunden und die Möglichkeiten der Inanspruchnahme medizinischer und sozialer Hilfen nach einem Befund können als Anknüpfungspunkte verstanden werden, ebenso die Information der Frau über psychotherapeutische Nachsorge-Möglichkeiten.[111]

Bei *Entscheidung zur Fortführung der Schwangerschaft* über Behandlungsmöglichkeiten, gegebenenfalls intrauterine[112] Therapie

- nicht invasive medikamentöse Behandlung des Kindes über die Schwangere
- invasive medikamentöse Behandlung des Kindes
- operative Maßnahmen

Bei *Entscheidung zum Abbruch der Schwangerschaft* über

- die Möglichkeiten der Durchführung des Abbruchs unter den gegebenen medizinischen und juristischen Rahmenbedingungen
- den Umgang mit dem toten Kind (z.B. Beerdigung)
- die Möglichkeiten einer eventuell erforderlichen psychotherapeutischen Nachsorge, gegebenenfalls unter Hinzuziehung von Selbsthilfegruppen sowie deren Vermittlung

Die Entscheidung der Schwangeren sowie die erhobenen Befunde und die Aufklärungsinhalte hierzu sind in jedem Falle zu dokumentieren.[113]

---

[109] Vgl. Dt. Ärzteblatt 1998;95: A-3013-3016 [Heft 47]
[110] Vgl. Dt. Ärzteblatt 1998;95: A-3013-3016 [Heft 47]
[111] Vgl. Lammert/Cramer/Pingen-Rainer/Schulz/Neumann/Beckers/Siebert/Dewald/Cierpka: a.a.O., S. 27
[112] intra|uterin, innerhalb der Gebärmutter gelegen. Aus: Bibliographisches Institut & F.A. Brockhaus AG; Der Brockhaus multimedial 2002; Mannheim 2001

9.4   Qualifikationsnachweise der Fachgebiete

In den Richtlinien der Bundesärztekammer zur pränatalen Diagnostik von Krankheiten und Krankheitsdispositionen werden Leistungen genannt, die nach den Fachgebietsgrenzen gemäß Weiterbildungsrecht gelten. Die Qualifikation für die pränatale Diagnostik wird insbesondere wie folgt dokumentiert:

Erstuntersuchung der Schwangeren und Erfassung der Risikofaktoren:
- Facharzt für Frauenheilkunde und Geburtshilfe

Gezielte Ultraschalluntersuchungen und invasive pränatale Eingriffe:
- Facharzt für Frauenheilkunde und Geburtshilfe mit fakultativer Weiterbildung in spezieller Geburtshilfe und Perinatalmedizin oder gleichartige Qualifikation
- Facharzt für Kinderheilkunde mit fakultativer Weiterbildung in spezieller pädiatrischer Intensivmedizin und/oder Schwerpunkt Neonatologie

Genetische Beratung und Risikoabschätzung:
- Facharzt für Humangenetik
- Facharzt mit Zusatzbezeichnung Medizinische Genetik

Genetische Labordiagnostik
- Facharzt für Humangenetik
- Facharzt mit Zusatzbezeichnung, Medizinische Genetik

Infektionsdiagnostik:
- Facharzt für Mikrobiologie und Infektionsepidemiologie
- Facharzt für Laboratoriumsmedizin

Sonstige Laboruntersuchungen zur pränatalen Diagnostik:
- Facharzt für Humangenetik
- Facharzt für Laboratoriumsmedizin"[114]

Das Fachgebiet der Sozialpädagogik findet hier in keiner Weise eine Erwähnung, deshalb möchte ich an dieser Stelle noch folgendes ergänzen:

---

[113] Vgl. http://www.bundesaerztekammer.de/30/Richtlinien/Richtidx/Praediag.html, 14.05.03
[114] Vgl. http://www.bundesaerztekammer.de/30/Richtlinien/Richtidx/Praediag.html, 14.05.03

Psychosoziale Beratung

- BeraterInnen haben i.d.R. ein abgeschlossenes Fach- oder Hochschulstudium im dem Fachbereich Sozialpädagogik oder Psychologie und evtl. eine Zusatzqualifikationen.

Diese Ergänzung lässt sich auch aus den ärztlichen Richtlinien zur Pränataldiagnostik herleiten. Aufgrund der menschlichen, ethischen und juristischen Probleme bei PD wird eine frühzeitige Zusammenarbeit, mit den oben aufgeführten Berufsgruppen, für erforderlich gehalten.[115] Hierzu zählen meines Erachtens auch die BeraterInnen mit entsprechender Qualifikation. Von der Bundesärztekammer werden wirklich sehr viele Fachbereiche, die mit der Schwangerschaft zu tun haben, aufgeführt. Der soziale Aspekt wurde allerdings außer Acht gelassen bzw. muss hergeleitet werden. Eine gute Schwangerschaft kann doch für eine Frau nur gelingen, wenn sie sich auch „sozial" wohl fühlt. Sie braucht Informationen und möchte sich auf vielen Ebenen abgesichert und in ihrer Entscheidungskompetenz gestärkt fühlen.

10. Psychosoziale Beratung und interdisziplinäre Zusammenarbeit der Disziplinen

Im Kontext von Pränataldiagnostik sind vielfältige Beratungsangebote in der Diskussion. Die unterschiedlichen Berufsgruppen und Einrichtungen haben hier jeweils unterschiedliche *Aufgaben und Funktionen*:

- *Anwendungsbezogene medizinische Aufklärung und Beratung* durch GynäkologenInnen, HumangenetikernInnen, FachärztztenInnen vor einer Anwendung bilden die Voraussetzung für die informierte Zustimmung, ohne die eine Untersuchung oder ein Eingriff nicht durchgeführt werden darf
- *Medizinische Beratung* ist bei der Erhebung von Befunden wie in der Hebammenarbeit nötig
- Darüber hinaus wird ein vielfältiges, an den Bedürfnissen der Ratsuchenden orientiertes, behandlungsunabhängiges *psychosoziales Beratungsangebot* entwickelt.[116]

---

[115] Vgl. Lammert/Cramer/Pingen-Rainer/Schulz/Neumann/Beckers/Siebert/Dewald/Cierpka: a.a.O., S. 27
[116] Vgl. Kurmann, Margaretha a.a.O., S. 395 f.

Bei der Beratung spielt es natürlich eine Rolle, wie die Beratenden in die Anwendung der Diagnostik eingebunden sind. Das medizinische Personal muss sich fragen, wie die Beratung bzw. Aufklärung letztlich in seinem Eigninteresse auch dazu dient, eine „informierte Zustimmung" einzuholen und somit das eigene professionelle Handeln abzusichern. Die psychosozial Beratenden müssen selbstkritisch fragen, wo und wann sie zur Akzeptanzschaffung funktionalisiert werden und wo sie sich an der Sicherung eigener Ressourcen ausrichten.

Für alle Formen der Beratung gilt, dass sie Einzelfallhilfe anbieten und kein Instrument zur Lösung gesellschaftlicher Widersprüche zwischen Selektionswünschen und Diskriminierungsverbot sein können.[117]

10.1 Interdisziplinäre Kooperation

Kooperation zur Lösung von Problemen im Kontext selektiver Diagnostik? BeraterInnen, GynäkologenInnen, HumangenetikerInnen, und Hebammen sind alle in ihrer Haltung zur Pränataldiagnostik gefragt. Doch auch hier sind die Berufsgruppen nicht von ihren Aufgaben und Funktionen frei. Sie sind in den Anwendungsalltag pränataler Diagnostik eingebunden.

Die Angst vor Schadensersatzklagen nach der Geburt eines Kindes mit einer Behinderung spielen etwa für den Umgang mit Pränataldiagnostik ebenso eine wichtige Rolle wie die Struktur der Schwangerschaftsvorsorge oder humangenetischer Beratung.

Alle Berufsgruppen stehen vor der Notwendigkeit, einen Zugang und eine Sprache für medizinische Sachverhalte zu finden, die der Lebensrealität schwangerer Frauen und ihrer PartnerInnen gerecht werden.
Für alle steht eine Auseinandersetzung um eigene Haltungen zum Leben mit einer Behinderung, Beeinträchtigung und Krankheit an. Die Erfahrung zeigt, dass Kooperation zur Unterstützung der Ratsuchenden in Einzelfällen gut möglich ist. Sie setzt allerdings voraus, dass man voneinander weiß und so aufeinander verweisen kann.

Darüber hinaus ist es offen, wie eine kollegiale, interdisziplinäre, nicht-hierarchische Zusammenarbeit im Kontext von Pränataldiagnostik aussehen könnte. Zwar benennen

---

[117] Vgl. Kurmann, Margaretha: a.a.O., S. 396

alle beteiligten Berufsgruppen als gemeinsames Ziel, die Eigenkompetenz schwangerer Frauen und ihrer Partner zu stärken und grenzen sich eindeutig von eugenischen Tendenzen ab, doch als Ziel ist das Eine, die Realität das Andere. In der Bewertung pränataler Diagnostik, in der Einschätzung von Technikfolgen und im jeweiligen beruflichen Selbstverständnis enden die Gemeinsamkeiten.[118]

Zwischen den einzelnen Berufsgruppen und Fachbereichen ist demnach Transparenz erforderlich. Dazu gehört es, sich gegenseitig – möglichst persönlich – zu kennen, und um die Aufgaben, Handlungsgrundsätze und Rahmenverhältnisse der anderen Fachbereiche zu wissen und die jeweiligen Kompetenzen wechselseitig zu respektieren.[119]

Transparenz bedeutet für die Berufsgruppen, dass eine wechselseitige Kontrollfunktion besteht, die zugelassen werden muss. Um diese Transparenz zu erreichen, müsste vorausgesetzt werden, dass den Berufsgruppen eine gleiche gesellschaftliche Wertigkeit zugesprochen wird. „Noch ist diese Zielvorstellung nicht allgemeine Realität. Bis zu einer gegenseitigen Anerkennung, wie sie als Grundlage von Kooperation notwendig ist, wird es einen längeren Zeitraum brauchen. Zunächst geht es darum, Transparenz herzustellen, indem das eigene Arbeitsfeld nach außen klar umrissen wird und die Nachbarbereiche abgegrenzt werden."[120]

10.2 Humangenetische Beratung

„Bei humangenetischer Beratung handelt es sich in der Praxis um Gespräche zu Fragen und Problemen bezüglich möglicher Erkrankungen oder Schädigungen eines Embryos oder Fötus, in denen nach dem Selbstverständnis der meisten Berater der Fokus auf die Vermittlung von Sachinformationen gelegt wird, die es den KlientInnen ermöglichen sollen, zu möglichst eigenständigen Entscheidungen bezüglich der Durchführung von pränataler Untersuchungen und möglicherweise daraus resultierenden Folgeproblemen zu gelangen."[121]

---

[118] Vgl. Kurmann, Margaretha: a.a.O., S. 395 f.
[119] Vgl. Lammert/Cramer/Pingen-Rainer/Schulz/Neumann/Beckers/Siebert/Dewald/Cierpka: a.a.O., S. 24 f.
[120] Lammert/Cramer/Pingen-Rainer/Schulz/Neumann/Beckers/Siebert/Dewald/Cierpka: a.a.O., S. 24 f.
[121] Dederich, Markus: Behinderung – Medizin – Ethik, Behindertenpädagogische Reflexionen zu Grenzsituationen am Anfang und Ende des Lebens. Bad Heilbrunn, Klinkhardt, 2000, S. 272

In Westdeutschland setzte die humangenetische Beratungsarbeit nach ersten vom Bundesgesundheitsministerium und der Privatwirtschaft geförderten Modellprojekten Anfang der 70er Jahre ein und wurde dann, seit ab 1974 die Beratungskosten von der Krankenkassen übernommen wurden, bis 1977 flächendeckend eingerichtet. Meist sind diese Institutionen Universitätskliniken oder Gesundheitsbehörden angegliedert, bzw. wird die Beratungsfunktion von niedergelassenen Ärzten selbst übernommen.[122]

Mit der humangenetischen Beratung wurde, wie bereits erwähnt, ein Paradigmenwechsel von der historisch belasteten Eugenik bzw. Rassenhygiene zur neuen Humangenetik vollzogen, mit dem nicht mehr die Bevölkerung als Ganzes, sondern zukünftig der Einzelne und seine Familie im Mittelpunkt des Interesses stand, denen individuelle beraterische und diagnostische Angebote auf dem Wege zur Entscheidungsfindung für oder gegen die Annahme eines möglicherweise genetisch geschädigten Kindes unterbreitet werden sollten.[123]

Hierzu führt Wendt folgendes an: „Genetische Diagnostik und Beratung sind ärztliche Tätigkeiten im Interesse der Gesundheit der heute geborenen Kinder. Sie sind Eckpfeiler der Vorsorgemedizin. Ihr Ziel muss es sein, allen Familien alle derzeitig möglichen Hilfen zur Vermeidung der Geburt eines aus genetischen Gründen kranken Kindes anzubieten und damit zugleich die oft verständlichen, aber unbegründeten Sorgen um die Gesundheit gewünschter Kinder zu zerstreuen." [124]

Die genetische Prävention besteht damit zunächst in der Erfassung von gesunden Genträgern, deren Nachkommen ein relativ hohes Erkrankungsrisiko in sich tragen, dann in der eigentlichen genetischen Beratung von „Risikoträgern" über Erbrisiko, Krankheitsprognosen und der Möglichkeit einer pränatalen Diagnostik, um dem betroffenen „Risikoehepaar" die Geburt eines erbgeschädigten Kindes zu ersparen.[125]

---

[122] Vgl. Waldschmidt, A.: Humangenetische Beratung heute – ein Instrument der Auslese? Aus: Stein, A.-D.: Lebensqualität statt Qualitätskontrolle menschlichen Lebens. Berlin, 1992, S. 119. Aus: Mattner, Dieter: a.a.O., S. 130
[123] Vgl. Wolff, G.: Eugenik und genetische Beratung – Ethische Aspekte der Pränataldiagnostik. Frühförderung interdisziplinär, 1993, S. 49 ff. Aus: : Mattner, Dieter: a.a.O., S. 131
[124] Wendt 1979; zit. nach Waldschmidt, A.: a.a.O., 121. Aus: Mattner, Dieter: a.a.O., S. 131
[125] Vgl. Mürner, C.: Behinderte als Beispiel in der Genetik oder wie man sich das Menschenbild der öffentlichen Meinung wissenschaftlich zunutze macht. Aus: Mürner, C.: Ethik – Genetik – Behinderung. Luzern 1991, S. 104 f. Aus: Mattner, Dieter: a.a.O., S. 131

In der Praxis bedeutet dies: Ratsuchende kommen meist auf ärztliche Empfehlung zur Beratungsstelle, um das Angebot der Pränatalen Diagnostik zur Verhinderung der Geburt eines behinderten Kindes zu nutzen.

Folgende Indikationen führen üblicherweise zur genetischen Beratung:

- Verdacht auf Chromosomenanomalie bei erhöhtem Alter (ab 35 Jahren) der Mutter
- Familienanamnese bei vorliegenden Fehlbildungen, Behinderungen und genetischer Erkrankungen in der Familie und bei Verwandten
- Eigenanamnese bei bereits erfolgten Fehlgeburten unbekannter Ursache bzw. bei Fehlbildungen und Behinderungen bereits geborener Kinder
- Verwandtenehe
- Verdacht auf eine Schädigung des Embryos durch äußere schädliche Einflüsse vor oder während der Schwangerschaft (Virusinfektion, Drogen, physikalische Schädigung etc.)[126]

Wie einschlägige Untersuchungen belegen, erscheint es allerdings zweifelhaft, ob die betroffenen Eltern durch die subtil-normative Tendenz der Beratung bzw. durch das gesellschaftlich herangetragene mehrheitliche Meinungsbild, das durch die Normalität des „Üblichen" geprägt ist, überhaupt in die Lage versetzt werden, eine unabhängige und freie Meinung zur Entscheidungsfindung bilden zu können.[127]

Die sogenannte Patientenautonomie steht in dem Beratungsprozess im Vordergrund. Durch eine nicht-direktive Beratung wird in Deutschland versucht, sich von eugenischen Zielsetzungen abzugrenzen, die direkt oder indirekt in die Beratungspraxis einfließen können. Die praktische Umsetzung dieses Anspruchs erweist sich im Kontext wichtiger gesellschaftlicher Kräfte und Dynamiken als äußerst problematisch.[128]

Das Entscheidungsdilemma, in dem Betroffene sich befinden, bringt Rohr wie folgt auf den Punkt:

---

[126] Vgl. Mattner, Dieter: Behinderte Menschen in der Gesellschaft. Zwischen Ausgrenzung und Integration. Stuttgart/Berlin/Köln: Kohlhammer, 2000, S. 131
[127] Vgl. Beck-Gernshein, E.: Technik, Markt, Moral. Über Reproduktionsmedizin und Gentechnologie. Frankfurt/Main, 1991, S. 120 f.
[128] Vgl. Dederich, Markus: a.a.O., S.272

„Du sollst in Freiheit selber entscheiden, ob Du nach erfolgter genetischer Beratung und vorgeburtlicher Diagnostik die Gesellschaft mit einem heute vermeidbaren defekten Kind belasten und Dir selber und dem Kinde Leid und Schmerzen zumuten willst."[129]

Erschwerend hinzu kommt eine wachsende Abhängigkeit der potentiellen Eltern vom *Expertenurteil*, das die Annahme des ungeborenen Kindes erst nach Mitteilung des negativen Befundes zu erlauben scheint.[130]

10.3 Das Beratungsverständnis der Humangenetik

„Zunächst wird eine Anamnese vom Ratsuchenden und dessen Familie erhoben und ein Stammbaum angefertigt; dieser soll in der Regel über 3 Generationen, also bis zu den Großeltern reichen. Wenn alle erforderlichen Daten vorliegen, werden Ursache und Auswirkung der vorhandenen genetischen Erkrankung verständlich vermittelt und interpretiert. Wenn notwendig, werden zur weitern Abklärung diagnostische Untersuchungsmöglichkeiten besprochen, z. B.:

- Chromosomenanalysen
- Biochemische Tests
- Ultraschalluntersuchungen
- DNA-Diagnostik

Für den Ratsuchenden und dessen Verwandte wird das Widerholungsrisiko ermittelt und es werden Therapie-, Förderungs- und Präventionsmöglichkeiten aufgezeigt. Außerdem vermitteln wir auf Wunsch Kontakte zu Selbsthilfegruppen."[131]

Schwerpunkt der Humangenetik sind medizinische Fragestellungen zur Diagnostik und Prävention bei Erkrankungen, bei denen Veränderungen im genetischen Material vermutet werden. Vor gezielten Untersuchungen nach genetisch bedingten Normabweichungen geht es darum, aus einer Familienanamnese und individuellen Anzeichen bei den Rat suchenden Personen selbst Wahrscheinlichkeiten für genetische Veränderungen beim ungeborenen Kind abzuleiten. Es werden Aussagen getroffen über Lebensfähigkeit, physische und psychische Beeinträchtigungen eines mit genetischen

---

[129] Vgl. Rohr, B.: Eugenische Indikation im § 218 – Hin und hergerissen zwischen unterschiedlichen Moralen. Aus: Stein, A.-D.: Lebensqualität statt Qualitätskontrolle menschlichen Lebens. Berlin, 1992, S. 180. Aus: . Mattner, Dieter: a.a.O., S. 132
[130] Vgl. Mattner, Dieter: a.a.O., S. 130 ff.
[131] http://www.bundesaerztekammer.de/30/Richtlinien/Richtidx/Praediag.html, 14.05.2003

Störungen geborenen Kindes. Es handelt sich also immer um eine Risikovoraussage oder
–berechnung auf der Grundlage statistischer Größen aus der Forschung. Aufschluss über
tatsächlich vorliegende Normabweichungen gibt allein eine genetische Untersuchung. Die
reale Lebensqualität, die Entscheidungsmöglichkeiten eines behinderten Kindes sind nicht
vorhersagbar, sondern lassen sich erst im Lebensverlauf erkennen. Werdende Eltern
können mit Hilfe der Humangenetik das persönliche Risiko anhand bisheriger
Untersuchungsergebnisse konkretisieren.[132]

10.4 Das Beratungsverständnis der Medizin

Der Beratungsprozess ist auch unter den Medizinern von persönlichen Überzeugungen
und Einstellungen geprägt. Daraus folgt, dass keine einheitliche Schwangerenberatung
innerhalb dieser Berufsgruppe stattfindet. Je nachdem für welchen FrauenarztIn sich die
Schwangere entscheidet, wird ihr Wissen und ihre Entscheidung um mögliche
Untersuchungen und Alternativen beeinflussen.

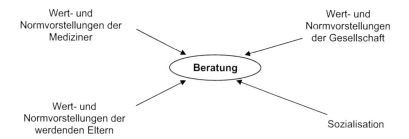

Die Frauenärztin und Psychotherapeutin Frau Dr. Claudia Schumann hat versucht, diese
unterschiedlichen Beratungsmethoden der Mediziner in drei Gruppen zu fassen:

Der Paternalistische Macher (der überzeugte Allesmacher)
Ärzte dieser Gruppe sind überzeugt, dass die Pränatale Diagnostik für Frauen einen
Fortschritt darstellt. Sie bemühen sich um Fortbildung, um noch früher und genauer
Hinweise entdecken zu können und sind stolz auf ihr Ultraschallgerät. Da sie davon

---

[132] Vgl. Lammert/Cramer/Pingen-Rainer/Schulz/Neumann/Beckers/Siebert/Dewald/Cierpka: a.a.O., S. 27 f.

ausgehen, dass alle verantwortlichen Frauen Pränataldiagnostik wollen, führen sie Nacken-Ultraschall und Triple-Test routinemäßig durch, oft ohne vorherige Information der Frau. Wenn etwas auffällig ist, teilen sie das mit der Information mit, sie hätten gleich für den nächsten Tag einen Termin zur weiteren Diagnostik ausgemacht. Falls eine Frau eine Pränatale Diagnostik von sich aus ablehnt, sind sie erstaunt bis verunsichert. Bei Frauen über 35 lassen sie sich die Ablehnung schriftlich bestätigen oder appellieren an ihre „Verantwortlichkeit".

Nach Einschätzung der Autorin ist das die anteilsmäßig größte Gruppe unter den Frauenärzten/innen.

Mütterliche Verweigerer

Diese Ärzte, darunter sicher viele Frauen, stehen der Pränataldiagnostik insgesamt kritisch gegenüber. Sie halten nichts von Triple-Test und seinen unscharfen und oft nur beunruhigenden Ergebnissen. Deshalb bieten sie ihn einfach nicht an, um die Frauen davor zu bewahren. Weil es vorgeschrieben ist, informieren sie über die Fruchtwasseruntersuchung ab dem 35. Lebensjahr der Frau, sind aber erleichtert, wenn eine Frau das ablehnt. Genauso sind sie froh, wenn sie nie ein Nackenödem im Ultraschall entdecken. Auch über diese Suchmöglichkeit informieren sie die Frau nur am Rande. Sie möchten, dass die Frauen ihre Schwangerschaft möglichst ungestört und in einem sicheren Gefühl erleben können.

Partnerschaftlicher Berater

Die Mediziner dieser Gruppe haben eine eher kritische Haltung zur Pränatalen Diagnostik, sie sehen sich aber verpflichtet, die Frauen selbst so weit zu informieren, dass sie sich eine eigene Meinung für oder gegen die Pränataldiagnostik bilden können und dann die Entscheidung selber treffen.

Allerdings ist diese Art von Entscheidungshilfe und Information im Praxisalltag kaum befriedigend zu bewerkstelligen.[133]

Keiner dieser drei beschriebenen ärztlichen Wege ist meines Erachtens akzeptabel. In der ersten Gruppe nehmen die Mediziner der Frau die Verantwortung zum Großteil ab und können die Frauen damit in unvorbereitete Entscheidungssituationen bringen, wenn es zu auffälligen Befunden kommen sollte. Die zweite Gruppe versucht der werdenden Mutter

---

[133] Vgl. Weiss, Magdalena: Auswirkungen Pränataler Diagnostik auf das Erleben Schwangerer Frauen aus der Sicht von Hebammen. Aus: Kolb, Stefan: Medizin und Gewissen, wenn Würde ein Wert würde... Frankfurt am Main: Mabuse-Verlag, 2002, S. 402 f.

die Schwangerschaft leicht zu machen, indem sie Informationen verschweigen. Die dritte Gruppe versucht, die Schwangere in ihrer Autonomie ernst zu nehmen, indem sie umfassende Informationen weitergibt. Da die Entscheidungsfindung aber nicht weiter begleitet werden kann, sind die Frauen letztlich wieder auf sich selbst gestellt, um eine Entscheidung zu treffen.

Frau Dr. Claudia Schumann geht davon aus, dass sich in der frauenärztlichen Praxisroutine mehr und mehr eine Vermischung aus präventiv-kurativer[134] und selektionierender Schwangerschaftsbetreuung eingeschlichen hat. Die Pränataldiagnostik sei zum Standard geworden und nicht wie ursprünglich geplant auf Ausnahmesituationen beschränkt.

10.5 Das Beratungsverständnis von Hebammen

Hebammen sind die BegleiterInnen von schwangeren Frauen, in allen Fragen der Reproduktion und die LeiterInnen von Entbindungen. Schwangerschaft wird von ihnen als natürlicher Bestandteil und Prozess im Leben von Frauen verstanden, der allerdings als Übergangs- und Schwellensituation erfahrener Begleitung bedarf. Diese Sichtweise unterscheidet sich von der im medizinischen Bereich vorhandenen Tendenz zur Risikoüberwachung. Aufgaben und Eigenverantwortlichkeit in den Berufsvollzügen von Hebammen hängen sehr von ihrem Status als „Klinikhebamme" oder „freiberufliche Hebamme" ab.

Unabhängig vom Status bieten viele Hebammen Geburtsvorbereitungskurse und Nachsorge nach der Geburt an. Oft können Schwangere bei Problemen auch außerhalb der Sprechstunden und Kurse Kontakt zu ihrer Hebamme aufnehmen. Somit ist für die Schwangerschaft und die Zeit danach eine feste Bezugsperson vorhanden, zu der die Schwangere geht und von der sie im Bedarfsfall aufgesucht wird. Hebammen verstehen ihre Arbeit als ganzheitliche Betreuung und Beratung.[135]

[134] kurativ, heilend, auf Heilung ausgerichtet / präventiv, einer unerwünschten Entwicklung zuvorkommend, vorbeugend, verhütend. Aus: Bibliographisches Institut & F.A. Brockhaus AG; Der Brockhaus multimedial 2002; Mannheim 2001
[135] Vgl. Dokumentation Fachtag Pränataldiagnostik, 2001. Aus: Lammert/Cramer/Pingen-Rainer/Schulz/ Neumann/Beckers/Siebert/Dewald/Cierpka: a.a.O., S. 31 f.

11.   Schwangerschaftsberatung – psychosoziale Beratung[136]

Beratungs- und Unterstützungsangebote für schwangere Frauen und ihre PartnerInnen dürfen nicht automatisch in die Haltung „Hauptsache gesund" und „ich muss eine Entscheidung treffen" zwingen, welche die Aufklärung über das vielfältige „pränatale Angebot" in sich birgt. Eine angemessene Anwendung der Pränataldiagnostik verlangt eine umfassende Aufklärung und Beratung , die im üblichen Setting nicht geleistet werden kann. Der Bezug auf die *informierte Einwilligung* muss dazu führen, die selbst-verständliche Anwendung von Pränataldiagnostik bei der Schwangerenvorsorge zu stoppen.

Hebammenvorsorge kann unabhängig von der ärztlichen Versorgung in Anspruch genommen werden und wird von den Krankenkassen bezahlt.[137]

11.1   Das Grundverständnis psychosozialer Beratung

Grundsätzlich versteht sich psychosoziale Beratung als ein Angebot an Menschen, die sich mit Konflikten und Problemen auseinandersetzen müssen, die sie momentan allein, bzw. in ihrer Familie nicht in befriedigender Weise bewältigen können. Mit Hilfe einer spezifischen Methodik, die sich aus psychologischen, psychotherapeutischen, sozialpädagogischen (und im Falle einer Trägerschaft unterschiedlich stark gewichteten seelsorgerischen und theologischen) Aspekten zusammensetzt, soll erreicht werden, dass die Ratsuchenden ihre eigene Situation mitsamt ihrer vielfältigen Einflussfaktoren besser überblicken können, dass sie lernen zu erkennen, auf welche Bereiche sie Einfluss haben und auf welche nicht, um so letztlich zu Antworten, Entscheidungen und/oder Lösungen zu gelangen. Dies geschieht zum einen durch die Vermittlung spezifischer Informationen und Hilfemöglichkeiten, zum anderen aber durch den Aufbau einer vertrauensvollen, partnerschaftlichen Beziehung zwischen BeraterInnen und Ratsuchenden, was wiederum eine Voraussetzung für einen weiter führenden und tiefer gehenden beraterischen und/oder therapeutischen Prozess ist.[138]

---

[136] psychosozial, Begriff zur Kennzeichnung der Bedingtheit psychischer Faktoren (z.B. Denken, Lernen, Verhalten) durch soziale Gegebenheiten (Sprache, Kultur, Gesellschaft). Aus: Der Brockhaus multimedial 2002; Mannheim 2001
[137] Vgl. Kurmann, Margaretha: a.a.O., S. 398 f.
[138] Vgl. Lammert/Cramer/Pingen-Rainer/Schulz/Neumann/Beckers/Siebert/Dewald/Cierpka: a.a.O., S. 18 f.

11.2   Beratung im Rahmen des § 2 Schwangerschaftskonfliktgesetzes

Die Beratung und Begleitung zu Fragen und Problemen bei der vorgeburtlichen Diagnostik orientiert sich an den grundlegenden Kriterien der psychosozialen Beratung. Die Beratung orientiert sich am Prozess der Klärung und Entscheidungsfindung. Ihr Ziel ist die Erschließung eigener Ressourcen und die Stärkung der Selbstkompetenz bei den Ratsuchenden, um zu einer tragfähigen Entscheidung zu finden. Die Beratung bei der PD beinhaltet auch die Begleitung in einer schweren Krise.

Die PD stellt eine besondere Anforderung an psychosoziale Beratung. Sie mag Information und Aufklärung beinhalten, soweit von den Ratsuchenden dazu ein Bedarf formuliert wird. Information und Aufklärung z.b. über die verschiedenen Verfahren und ihre Risiken, über die Abläufe bei einem spätem Abbruch, über soziale Hilfsangebote für Familien mit behinderten Kindern oder über die Rechtslage für einen Abbruch der Schwangerschaft. Jedoch bedeutet psychosoziale Beratung vor allen Dingen, dass die Schwange/das Paar darin unterstützt werden, eine Bewertung der für sie relevanten Informationen – eine Bewertung und Einordnung von Möglichkeiten und Risiken der PD , bezogen auf ihre persönliche Situation – selbst vorzunehmen.[139]

11.3   Selbstbestimmung, Autonomie und Entscheidungskompetenz als Ziel der Beratung

Pränatale selektive Diagnostik wird verstanden als qualitative Reproduktionskontrolle, als ein Instrument für Frauen, ihr Teilhabe am Arbeitsmarkt zu sichern und ihre Sexualität und Fruchtbarkeit kontrolliert zu gestalten. Der Selbstbestimmungsbegriff wird dabei zunehmend individualistisch und losgelöst von inhaltlichen Bezügen benutzt.

Der Preis für diese Art Selbstbestimmung ist ein weitgehender Zugriff von medizinischen ExpertenInnen auf Schwangerschaft und damit auf Frauen. Der Anwendungsalltag der Pränataldiagnostik ist geprägt von Hierarchien und Automatismen, er bietet keine Rahmenbedingungen, die die Selbstbestimmung von Frauen ermöglichen, fördern und erweitern. Bei der Selbstbestimmung ist differenziert zu schauen, wer dieses „Selbst" ist.

---

[139] Vgl. Lammert/Cramer/Pingen-Rainer/Schulz/Neumann/Beckers/Siebert/Dewald/Cierpka: a.a.O., S. 39

Dafür, dass einige Frauen Selektion in der Pränataldiagnostik für sich positiv in Anspruch nehmen können, zahlen andere Frauen/Menschen einen Preis.

Alle schwangeren Frauen müssen sich dem „Risikoblick" aussetzen, damit bei einigen Frauen Ungeborene mit Erkrankungen, Entwicklungsstörung und die Anlageträgerschaft für eine Erkrankung, erfasst werden. Auch Menschen mit einer Behinderung und ihre Angehörigen tragen die Last der Selbstbestimmung. Sie werden in Frage gestellt, bewertet und damit auch gekränkt.

Die Auswirkungen auf das soziale Klima in Bezug auf die selbstverständliche Annahme von Kindern und Menschen mit Beeinträchtigungen und Behinderungen ist ebenfalls Preis für die vermeintliche Erweiterung der Selbstbestimmungsmöglichkeiten einzelner Frauen.[140]

Ein zentrales Ziel der Beratung ist, die Entscheidungskompetenz von Frauen und ihren PartnerInnen zu erhöhen und ihnen Handlungsmöglichkeiten zu eröffnen, unter Umständen auch in einer Situation, die geprägt ist von der großen Ambivalenz zwischen dem Leben mit einem behinderten Kind und dem Abbruch der Schwangerschaft – einem nicht lösbaren Konflikt; eine Situation, die häufig unter einem enormen Zeitdruck eine Entscheidung verlangt.[141]

---

[140] Vgl. Kurmann, Margaretha: a.a.O., S. 397 f.
[141] Vgl. Lammert/Cramer/Pingen-Rainer/Schulz/Neumann/Beckers/Siebert/Dewald/Cierpka: a.a.O., S. 39

11.4   Einflüsse auf den Beratungsprozess

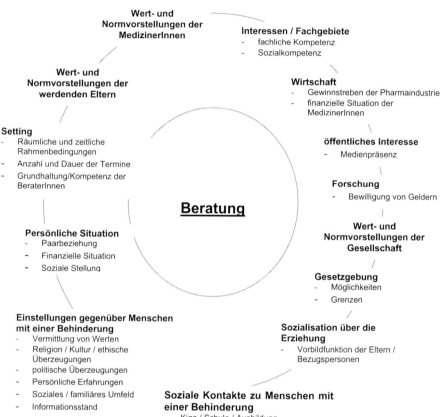

**Wert- und
Normvorstellungen der
MedizinerInnen**

Interessen / Fachgebiete
- fachliche Kompetenz
- Sozialkompetenz

**Wert- und
Normvorstellungen der
werdenden Eltern**

Wirtschaft
- Gewinnstreben der Pharmaindustrie
- finanzielle Situation der MedizinerInnen

Setting
- Räumliche und zeitliche Rahmenbedingungen
- Anzahl und Dauer der Termine
- Grundhaltung/Kompetenz der BeraterInnen

öffentliches Interesse
- Medienpräsenz

Forschung
- Bewilligung von Geldern

Beratung

Persönliche Situation
- Paarbeziehung
- Finanzielle Situation
- Soziale Stellung

**Wert- und
Normvorstellungen der
Gesellschaft**

Gesetzgebung
- Möglichkeiten
- Grenzen

**Einstellungen gegenüber Menschen
mit einer Behinderung**
- Vermittlung von Werten
- Religion / Kultur / ethische Überzeugungen
- politische Überzeugungen
- Persönliche Erfahrungen
- Soziales / familiäres Umfeld
- Informationsstand

**Sozialisation über die
Erziehung**
- Vorbildfunktion der Eltern / Bezugspersonen

**Soziale Kontakte zu Menschen mit
einer Behinderung**
- Kiga / Schule / Ausbildung
- Berufsleben
- Bekannten-/ Freundeskreis
- Familie

12.   Aufgaben und Leistungen der Schwangerenberatungsstellen

Abbildung:

Leistungen einer Schwangerenberatungsstelle an Hand der Rechtsgrundlagen[142]

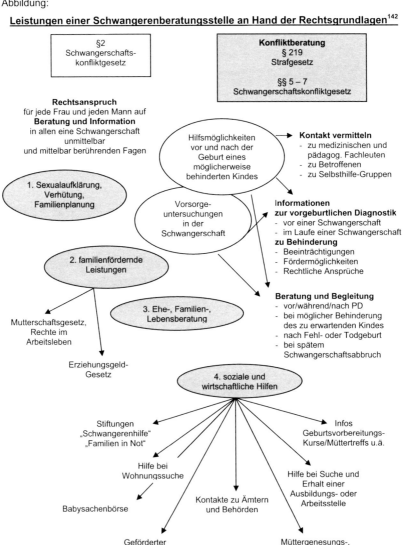

[142] Vgl. Lammert/Cramer/Pingen-Rainer/Schulz/Neumann/Beckers/Siebert/Dewald/Cierpka: a.a.O., S. 21

Unter der Bezeichnung „allgemeine Schwangerenberatung" haben sich unterschiedliche Aufgabenschwerpunkte entwickelt. Zu den grundlegenden Aufgaben gehören die Beratung zu sozialrechtlichen Ansprüchen und die Vermittlung finanzieller und praktischer Hilfen.

Die Problemstellungen im Zusammenhang mit PD lassen sich diesen Punkten zuordnen und können insofern als Aufgaben der Schwangerenberatung betrachtet werden. In den letzten drei bis vier Jahren ist in den Schwangerenberatungsstellen die Aufmerksamkeit hierfür gewachsen und damit der Bedarf zu einer Beschreibung von Kriterien. Als eine mögliche praktische Einbindung des Angebotes von Beratung zur Pränatalen Diagnostik entsprechend der Beratungsansprüche Ratsuchender nach § 2 Schwangerschaftskonfliktgesetz zeigen die Autoren in der Abbildung exemplarisch die Arbeitsbereiche der Beratungsstelle für Schwangere, Paare und Familien im Diakonischen Werk Löbau.

Die Beratungsstelle bietet dem gesetzlichen Auftrag gemäß Beratung nach § 2 und nach §§ 5-7 Schwangerschaftskonfliktgesetz an. Die eigentliche Beratung im Zusammenhang mit PD wird unter die Punkte „Vorsorgeuntersuchungen in der Schwangerschaft" und „Hilfsmöglichkeiten vor und nach der Geburt eines möglicherweise behinderten Kindes" gefasst.[143]

---

[143] Vgl. Lammert/Cramer/Pingen-Rainer/Schulz/Neumann/Beckers/Siebert/Dewald/Cierpka: a.a.O., S. 19 f.

13.   Abgrenzung der Disziplinen

MedizinerInnen	Hebammen	BeraterInnen
	Kontakt:	
regelmäßige Vorsorgeuntersuchungen	ca. in der 20. SSW bei den Kursen	in den ersten Wochen der Schwangerschaft zur allgemeinen Schwangerschaftsberatung oder Fragen zur Pränataldiagnostik
Feststellung der Schwangerschaft		
	Aufgabe:	
medizinische Begleitung	Geburtsvorbereitung	Ansprechpartner bei Problem- und Konfliktsituationen
Diagnose	Nachsorge nach der Geburt	Informationsvermittlung / Wegweiserfunktion
	Beratung:	
Beratung über PD	Themen der Schwangerschaft, Geburt und Versorgung des Neugeborenen	psychosoziale Beratung
Gesundheitszustand der Mutter und des Kindes		Sozialberatung

Die Aufgaben der MedizinerInnen habe ich bereits im Zusammenhang mit der PD ausführlich dargestellt. Auf die Abgrenzung der BeraterInnen und der Hebammen möchte ich im Folgenden eingehen:

Hebammen haben Geburtshilfe gelernt.

BeraterInnen sind ausgebildete SozialpädagogenInnen oder PsychologenInnen mit zusätzlicher Qualifikation.

Hebammen sind kompetent für die gesamte körperliche Seite der Schwangerschaft.

BeraterInnen sind erfahren in der Konfliktberatung, Sozialberatung und der Hilfe zur Selbsthilfe

Hebammen kennen das soziale Umfeld, nehmen Spannungen, Konflikte und Krisen bei Schwangeren und ihren PartnernInnen wahr. Sie können emotional begleiten, Verständnis zeigen, einen Rat geben.

BeraterInnen stehen für Einzel-, Paar- und Konfliktberatung zur Verfügung. Sie haben ein spezifisches methodisches Instrumentarium, in solchen Situationen den Betroffenen klären, erfassen und bewerten zu helfen, so dass sie letztlich zu einer Lösung gelangen. Es geht hier um gezielte, auf die Problemstellung gerichtete Hilfe, die auch nach Mustern und Ursachen für Verhalten suchen und an ihnen arbeiten kann. Dafür ist eine vertrauensvolle Beziehung zu den Betroffenen die Basis.

*Hebammen*hilfe ist flexibler im zeitlichen und lokalen Einsatz (z.B. Rufbereitschaft, Komm- und Gehstruktur).

BeraterInnen sind an ihre Kernarbeitszeiten gebunden, die durch die Struktur, die der Arbeitgeber vorgibt, gebunden sind. In der Regel herrscht eine Kommstruktur.

Die Vereinbarung zwischen *Hebamme* und Schwangerer bezieht sich auf die Vorbereitung der Geburt und die Wochenbett-Betreuung, wobei die Mehrzahl der deutschen Hebammen bisher erst nach der 20. SSW in den Kursen Kontakt zur Schwangeren erhält.

BeraterInnen werden in den Schwangerschaftsberatungsstellen auch schon in den ersten Wochen der Schwangerschaft aufgesucht und sind auch noch lange nach der Geburt Ansprechpartner.[144]

Es gibt also viele Überschneidungsbereiche zwischen den drei Berufsgruppen, aber auch die Grenzen der jeweiligen Arbeitsaufträge sind sehr deutlich geworden und lassen sich gut bestimmen. Im beruflichen Alltag wirkt sich nicht nur das bereits beschriebene unterschiedliche Beratungsverständnis der jeweiligen Berufsgruppen aus, auch die generellen Kontextbedingungen des jeweiligen Tätigkeitsbereichs tragen dazu bei, dass nur einzelne Facetten einer schwangeren Frau betrachtet werden,[145] diese aber nicht zusammengefügt werden. So kann die Frau nicht als „Gesamtheit" in ihrer Person betrachtet werden und wichtige Aspekte können verloren gehen.

---

[144] Vgl. Lammert/Cramer/Pingen-Rainer/Schulz/Neumann/Beckers/Siebert/Dewald/Cierpka: a.a.O., S. 32 f.
[145] Vgl. Lammert/Cramer/Pingen-Rainer/Schulz/Neumann/Beckers/Siebert/Dewald/Cierpka: a.a.O., S. 33

Betrachtung einer schwangeren Frau aus den unterschiedlichen Perspektiven[146]

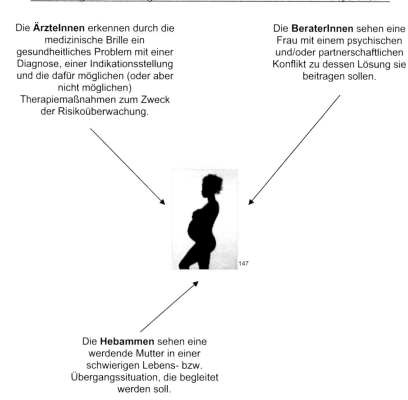

Die **ÄrzteInnen** erkennen durch die medizinische Brille ein gesundheitliches Problem mit einer Diagnose, einer Indikationsstellung und die dafür möglichen (oder aber nicht möglichen) Therapiemaßnahmen zum Zweck der Risikoüberwachung.

Die **BeraterInnen** sehen eine Frau mit einem psychischen und/oder partnerschaftlichen Konflikt zu dessen Lösung sie beitragen sollen.

Die **Hebammen** sehen eine werdende Mutter in einer schwierigen Lebens- bzw. Übergangssituation, die begleitet werden soll.

An dieser Stelle möchte ich noch einmal auf die interdisziplinäre Kooperation zu sprechen kommen. Die Transparenz spielte hier eine genauso wichtige Rolle wie das Verhältnis/Verständnis der Disziplinen untereinander. In den unterschiedlichen Perspektiven der Berufsgruppen liegen auch mögliche Ressourcen, die durch eine gut koordinierte Kooperation zusammengeführt und genutzt werden könnten, um die schwangere Frau als „Ganzes" zu betrachten. Dies wird aber nur gelingen, wenn die einzelnen Berufsgruppen bei den Beratungsgesprächen, Untersuchungen und Diagnose-erstellungen sich auf ihre Kernkompetenzen berufen, und bereit sind, die Schwangere

---

[146] Vgl. Lammert/Cramer/Pingen-Rainer/Schulz/Neumann/Beckers/Siebert/Dewald/Cierpka: a.a.O., S. 33
[147] Quelle: www.travelmed.de/risiko/schwanger/ schwanger02.htm, 18.06.2003

weiterzuverweisen, ohne das schlechte Gefühl, sie weggeschickt zu haben. „Die gegenseitige Information und der Respekt vor der beruflichen Tätigkeit der jeweils anderen Gruppe sind der erste Schritt zu weitergehenden Kooperationsmodellen und einem Konsens über die Unterschiedlichkeit der berufsgruppenabhängigen Beratungskonzepte."[148]

14. Grundsätzliche Aufgaben und Verständnis der Sozialen Arbeit

In jeder Gesellschaft entstehen soziale Probleme, die von den Betroffenen aus eigener Kraft nicht bewältigt werden können. Die Gesellschaft ist daher verpflichtet, Angebote zur Verhütung, Minderung und Bewältigung von Problemen und Notständen zu machen. Die Soziale Arbeit orientiert sich dabei ebenso an den Bedürfnissen der BürgerInnen wie den Interessen der Gesellschaft. Ihre Aufgaben liegen sowohl in der Prävention als auch in der Behebung von sozialen Benachteiligungen, im Angebot von adäquaten Bildungs- und Freizeitangeboten, sowie in einer politischen Einflussnahme zur Veränderung von gesellschaftlichen Rahmenbedingungen. Sozialarbeit ist eine professionell ausgeübte Tätigkeit der personenbezogenen Dienstleistung. Sie gründet auf:

- berufsethischen Prinzipien
- Wertorientierungen, wie Menschenwürde, Freiheit, Gleichberechtigung, Solidarität gemäß den Prinzipien des demokratischen sozialen Rechtsstaates
- verfassungsmäßige Grundrechte
- wissenschaftliche Erkenntnisse, Erfahrungswissen
- qualifizierte Aus- und Fortbildung

Die sozialen Dienstleistungen werden in verschiedenen Arbeitsfeldern erbracht und gelten Personen oder Gruppen aller sozialen Schichten und Altersstufen, die in ihrer persönlichen Entwicklung einer Förderung oder Begleitung bedürfen oder von einer Notsituation bedroht bzw. betroffen sind, soweit dem mit den Methoden und Mitteln der Sozialen Arbeit begegnet werden kann. Dabei kann es sich um subjektiv erlebten oder objektiv feststellbaren kulturellen, erzieherischen, *gesundheitlichen* und materiellen Bedarf handeln.

---

[148] Vgl. Lammert/Cramer/Pingen-Rainer/Schulz/Neumann/Beckers/Siebert/Dewald/Cierpka: a.a.O., S. 34

Charakteristisch für Sozialarbeit ist die ganzheitliche Sicht des Menschen in seiner individuellen Eigenart und Entwicklung, seinem soziokulturellen Lebensraum und seiner ökonomischen Situation. [149]

„Das Leitziel professioneller Sozialarbeit ist, dass einzelne Menschen und Gruppen, insbesondere benachteiligte, ihr Leben und Zusammenleben im Sinne des Grundgesetzes und der Menschenrechtskonvention zunehmend mehr selbst bestimmen und in solidarischen Beziehungen bewältigen. Ziel des professionellen Handelns ist die Vermeidung, Aufdeckung und Bewältigung sozialer Probleme."[150]

Aus der Zielsetzung ergeben sich folgende Aufgaben:

- Menschen durch persönliche und umweltbezogene, also psychosoziale Hilfen, Bildung, Erziehung und materielle Hilfen so zu fördern, dass sie in ihrer Lebenswelt (wieder) handlungsfähig werden
- Einzelne und Gruppen bei der Überwindung eingeschränkter Lebensbedingungen konkret zu unterstützen, z. B. in Selbsthilfegruppen, so dass sie ihre Konflikte selbst bearbeiten und ihre Interessen selbst vertreten können
- Einflussnahme auf die sozialräumliche Entwicklung der Lebensbedingungen im Rahmen von Stadtteil- und Gemeinwesenarbeit, um den BewohnerInnen menschenwürdige Lebenschancen durch Mitverantwortung und Mitentscheidung zu eröffnen
- die vielgestaltigen gesellschaftlichen sozialen Dienstleistungsangebote erreichbar zu machen, diese in ihrer Wirksamkeit zu kontrollieren und zu optimieren durch Mitwirkung an Sozialplanung und Einwirkung auf Richtlinien, Erlasse und Gesetze
- erschließen von Ressourcen vor Ort, u. a. durch die Gewinnung, Beratung, Begleitung, Schulung freitätiger und ehrenamtlicher MitarbeiterInnen
- Förderung der Zusammenarbeit aller beteiligten Personen und Organisationen
- den Interessen Benachteiligter Geltung zu verschaffen durch rechtliche, ggf. politische Vertretung und Öffentlichkeitsarbeit
- Möglichkeiten und Grenzen der eigenen Arbeit und problematische Entwicklungen im Arbeitsfeld öffentlich benennen, um auf diese Weise Verantwortlichkeiten neu zu klären und dem gesellschaftlichen Aussonderungsprozess gegenzusteuern
- Leitung von sozialen Institutionen, Diensten und Einrichtungen

---

[149] Vgl. http://www.dbsh.de/Berufsbild.doc, 19.06.2003
[150] http://www.dbsh.de/Berufsbild.doc, 19.06.2003

Nicht alle diese Aufgaben werden gleichwertig und gleichzeitig umfassend von einer Fachkraft wahrgenommen. Es erfolgt eine enge Zusammenarbeit mit anderen Berufsgruppen. Interdisziplinäres Arbeiten ist für Sozialarbeit berufstypisch.[151]

Prinzipien für das berufliche Handeln sind geregelt in den berufsethischen Prinzipien des DBSH. Im Folgenden sind nur wesentliche Aussagen aufgeführt:

Die Achtung des Lebensrechtes und der Würde des Menschen, der Selbstbestimmung des Einzelnen und von Gemeinschaften, insbesondere im Blick auf ihre Wertorientierung, das Vertrauen in die positive Veränderbarkeit sozialer Verhältnisse und das Vertrauen in die Kraft und den Willen von Menschen, belastende Lebensverhältnisse bei geeigneter Unterstützung selbst anzugehen, sind Leitsätze im professionellen Handeln.

Diese finden ihren Ausdruck u.a. in

- dem Gebot der Verschwiegenheit
- der Hilfe zur Selbsthilfe als offenem kommunikativem Prozess
- dem Schutz des jeweils höheren Rechtsgutes
- der Mitwirkung von sozialen Fachkräften und von betroffenen Bürgerinnen/Bürgern an der Entwicklung von Sozialpolitik auf kommunaler und höherer Ebene
- der Sicherung der Fachlichkeit, einschließlich des Transparentmachens von Arbeitsvollzügen und Dokumentationen der Tätigkeit zur Weiterentwicklung des Berufswissens
- dem bewussten Umgang mit der eigenen Person als Medium der Tätigkeiten

Aus Zielsetzung, Aufgaben, Funktion und Handlungsprinzipien ergibt sich für die Dipl.-SozialarbeiterInnen der Anspruch auf:

- ein von der Gesellschaft geschütztes Vertrauensverhältnis zum Klientel,
- Eigenständigkeit in den fachlichen Entscheidungen,

die Gewährleistung wertpluraler sozialer Hilfen und entsprechender Institutionen.[152]

14.1 Soziale Arbeit als Menschenrechtsprofession

Frau Susanne Zeller hat sich in ihrem Artikel „Soziale Arbeit als Menschenrechtsprofession" unter anderem Gedanken dazu gemacht, welchen Auftrag die Soziale Arbeit

---

[151] Vgl. http://www.dbsh.de/Berufsbild.doc, 19.06.2003
[152] Vgl. http://www.dbsh.de/Berufsbild.doc, 19.06.2003

in unserer Gesellschaft hat und welche Funktion sie erfüllen sollte, wenn sie sich als eine Profession versteht. Sie hat einen meines Erachtens sehr pointierten Versuch unternommen, die Menschenrechte in einen Bezug zur Sozialen Arbeit zu setzen und die gesellschaftliche Verantwortung, die sich daraus ergibt, darzustellen.

Menschenrechte sind gesellschaftsübergeordnete Rechtsnormen, die dem positiven und subjektiven Recht vorangestellt sind. Sie gelten als Grundwerte und stehen somit außerhalb individueller Meinungsspektren. Hierbei wird von der Würde eines jeden Menschen ausgegangen. Diese Würde des Menschen ist nach humanistisch-aufgeklärter Sicht von „Natur aus" den Menschen mitgegeben und kann unter keiner äußeren politischen, wirtschaftlichen und sozialen Bedingung in Frage gestellt werden.
Deshalb gelten die Menschenrechte auch und gerade für die Soziale Arbeit im besonderen Maße. 1992 haben die Vereinten Nationen sowie internationale Verbände die Soziale Arbeit in vielen Ländern der Erde als eine „Menschenrechtsprofession" definiert, Denn Soziale Arbeit ist immer auch mit Menschenrechtsverletzungen konfrontiert. Sie hat deshalb mit dem Einklagen von gerechteren gesellschaftlichen Verhältnissen als „Real-Utopie" und insofern mit dem „Prinzip Verantwortung" zu tun. Professionelle Soziale Arbeit handelt an den Schnittstellen von Konflikten in unser Gesellschaft. Vor dem Hintergrund der ethischen Prinzipien muss sich die Soziale Arbeit als Gegeninstanz zum Umbau unserer Gesellschaften unmissverständlich positionieren.[153]

Frau Zeller bringt es noch einmal auf den Punkt: „Soziale Arbeit hat also kein ausdrückliches politisches Mandat, aber sie hat einen professionellen Auftrag mit ethisch-politischer Verantwortung."[154]

---

[153] Vgl. Zeller, Susanne: Soziale Arbeit als Menschenrechtsprofession? Sozialmagazin, 25. Jg., 2002
[154] Zeller, Susanne: a.a.O.

14.2   Positionierung der Sozialen Arbeit

Feststellung der Schwangerschaft beim Frauenarzt

Soziale Arbeit
- Sozialberatung
- Psychosoziale Beratung

Reguläre Schwangerschaftsuntersuchungen beim FrauenarztIn

Aushändigung Mutterpass

Bluttests
- Blutgruppen- und Rhesusfaktorenbestimmung
- Röteln- und Toxoplasmose- Antikörper
- Hepatitis-B und Syphilis Erregernachweis
- HIV-Antikörper (freiwillig)

Gynäkologische Untersuchungen
- Gewichtskontrolle
- Blutdruckmessung
- Blutuntersuchungen auf Hämoglobin
- Urinanalyse
- 1. Ultraschalluntersuchung

10.-13. SSW: Chorionzottenbiopsie

11.-14. SSW: Nt-Screening

14.-20. SSW: Fruchtwasseruntersuchung (Amniozenthese)

1/3 der Schwangerschaft: Ultraschalluntersuchung

Ab 19. SSW: Nabelschnurpunktion

20.-23. SSW: Ultraschalluntersuchung

Hebammen
ca. 20. SSW: Kurse

30. SSW: Ultraschalluntersuchung

In der Abbildung habe ich den Verlauf der regulären Schwangerschaftsuntersuchungen und den PD-Untersuchungen (grau hinterlegt) noch einmal skizziert, um zu visualisieren, an welcher Stelle ich die Soziale Arbeit positionieren würde.

Die Soziale Arbeit hat häufig das Manko, dass man sie als „Feuerwehrfunktion" einsetzt. Ihr Selbstverständnis ist allerdings ein anderes. „Ziel des professionellen Handelns ist die Vermeidung, Aufdeckung und Bewältigung sozialer Probleme."[155] Die Ausgangslage ist, dass die Soziale Arbeit von den Schwangerschaftsberatungsstellen übernommen wird, und dort auch in einem gesetzlichen Rahmen eingebettet ist. Die Aufgaben der Beratungsstelle habe ich anhand eines Schaubildes dargestellt, indem die PD bereits ihren Platz gefunden hat. Der Kontakt zu einer Schwangerschaftsberatungsstelle entsteht in der Regel aber erst in dem Moment, in dem die schwangere Frau und ihr PartnerIn mit einem Problem oder Konflikt konfrontiert werden.

Die Soziale Arbeit hat meines Erachtens einen wichtigen gesellschaftlichen Auftrag, nämlich durch präventive Arbeit vorzubeugen und nicht permanent als „Feuerwehr" fungieren zu müssen. Um diesen Auftrag in der Schwangerschaftsberatung und insbesondere bei der PD erfüllen zu können, muss sie schon positioniert sein, bevor die Konflikte entstehen.

Wenn die Soziale Arbeit Bestandteil der regulären Schwangerschaftsuntersuchungen wären und evtl. sogar im Mutterpass vermerkt würde, wäre das Aufsuchen einer Schwangerschaftsberatungsstelle keine Besonderheit mehr, sondern die Regel.
Eine Schwangerschaft ist für eine Frau eine neue, einzigartige Erfahrung, in der sie sich immer wieder mit Fragen auseinandersetzen muss, die für sie bisher keine Bedeutung hatten. Im Hinblick auf die PD ist es noch wichtiger, dass die Frau auf allen Ebenen Informationen bekommen kann, die ihr helfen, eine kompetente Entscheidung für oder gegen eine PD treffen zu können.

Der Entscheidungsprozess ist geprägt von vielen endogenen Faktoren wie Stimmungen, Erfahrungen, Ängsten etc. Der akkurate Umgang damit kann durch die Soziale Arbeit unterstützt werden.

---

[155] http://www.dbsh.de/Berufsbild.doc, 19.06.2003

Dieser Entscheidungsprozess wird aber auch von wichtigen exogenen Faktoren beeinflusst. Zu diesen Faktoren gehören die Begriffsbestimmungen zum Thema Behinderung, die Informationsgespräche mit dem FrauenarztIn, die Möglichkeiten der PD, die ethischen und politischen Grundeinstellungen/Richtungen in Deutschland, aber auch die Debatten, ob Gentests im Versicherungs- und Arbeitswesen zugelassen werden sollen oder welche Möglichkeiten eines Schwangerschaftsabbruchs bestehen.

Diese Auflistungen könnten sicher fortgeführt werden, aber ich habe ganz bewusst eine Auswahl getroffen, die einen Eindruck über die Fülle an Informationen/Empfindungen geben, die auf die schwangere Frau und ihren PartnerIn einstürmen. Die Frau und ihr PartnerIn haben nicht nur diese ganzen Einflüsse zu bewältigen, sie müssen sich auch damit auseinandersetzen, dass ihr Kind nicht ihr „Wunschkind" ist, sondern dass es mit einer Behinderung zur Welt kommen wird.

II.   Abkürzungsverzeichnis

Art.	Artikel
EMRK	Europäische Menschenrechtkonvention
etc.	et cetera
evtl.	eventuell
GG	Grundgesetz
IVF	in-vitro-Fertilisation
Kiga	Kindergarten
pädagog.	pädagogisch
PD	Pränatale Diagnostik
SGB	Sozialgesetzbuch
SSW	Schwangerschaftswoche
StGB	Strafgesetzbuch
u.a.	unter anderem
Vgl.	Vergleiche
WHO	World Health Organisation
z.B.	zum Beispiel

III. Literaturverzeichnis

Barbara, Nees-Delaval: Informationen zum Thema Schwangerschaft. Broschüre der Deutschen Angestellten Krankenkasse, Hamburg, 2001

Baldus, M.: Von der Diagnose zur Entscheidung – Entscheidungsprozesse für Frauen im Kontext pränataler Diagnostik. Praxis der Kinderpsychologie und Kinderpsychiatrie. 9/10, 2001, S. 736 – 752. Aus: Lammert/Cramer/Pingen-Rainer/Schulz/Neumann/Beckers/Siebert/Dewald/Cierpka: Psychosoziale Beratung in der Pränataldiagnostik. Ein Praxishandbuch. Göttingen/Bern/Toronto/ Seattle: Hogrefe-Verlag, 2002

Beck-Gernshein, E.: Technik, Markt, Moral. Über Reproduktionsmedizin und Gentechnologie. Frankfurt/Main, 1991. Aus: Mattner, Dieter: Behinderte Menschen in der Gesellschaft. Zwischen Ausgrenzung und Integration. Stuttgart/Berlin/Köln: Kohlhammer, 2000

Buchkremmer/Klosinski/Müller/Neumann/Wacker: Behinderung: von der Vielfalt eines Begriffs und dem Umgang damit. 2.Auflage; Tübingen: Attempto-Verlag, 1997

Bundesverfassungsgericht: Urteil vom BverfG, AZ.:-2 BvF 4/92-, 28.5.1993. Aus: http://www.bundesaerztekammer.de/30/Richtlinien/Richtidx/ Praediag.html, 14.05.2003

Bibliographisches Institut & F.A. Brockhaus AG: Der Brockhaus multimedial 2002; Mannheim 2001

Dederich, Markus: Behinderung – Medizin – Ethik, Behindertenpädagogische Reflexionen zu Grenzsituationen am Anfang und Ende des Lebens. Bad Heilbrunn, Klinkhardt, 2000

Dokumentation Fachtag Pränataldiagnostik, 2001. Aus: Lammert/Cramer/Pingen-Rainer/Schulz/Neumann/Beckers/Siebert/Dewald/ Cierpka: Psychosoziale Beratung in der Pränataldiagnostik. Ein Praxishandbuch. Göttingen/Bern/Toronto/Seattle: Hogrefe-Verlag, 2002

Dt. Ärzteblatt 1998;95: A-3013-3016 [Heft 47]

Dt. Ärzteblatt 1998; 95: A-3236-3242 [Heft 50]

Eser, Albin: Lexikon Medizin, Ethik, Recht. Darf die Medizin was sie kann? Information und Orientierung. Freiburg/Basel/Wien, 1998. Aus: Dederich, Markus: Behinderung – Medizin – Ethik, Behindertenpädagogische Reflexionen zu Grenzsituationen am Anfang und Ende des Lebens. Bad Heilbrunn, Klinkhardt, 2000

Grundgesetz, Deutscher Taschenbuch Verlag, 38. Auflage, 2003

Kathmann: Zur Vereinbarkeit der „Bioethik-Konvention" des Europarates mit den Grundrechten. Wissenschaftliche Dienste des Deutschen Bundestages, 24.01.1995

Kolb, Stefan: Medizin und Gewissen, wenn Würde ein Wert würde... .Frankfurt am Main: Mabuse-Verlag, 2002

Kollek, Regine: Präimplantationsdiagnostik : Embryonenselektion, weibliche Autonomie und Recht. 2. Auflage; Tübingen/Basel: Francke, 2002

Kuhlmann, Andreas: Abtreibung und Selbstbestimmung. Die Intervention der Medizin. Frankfurt, 1996. Aus: Dederich, Markus: Behinderung – Medizin – Ethik, Behindertenpädagogische Reflexionen zu Grenzsituationen am Anfang und Ende des Lebens. Bad Heilbrunn, Klinkhardt, 2000

Kurmann, Margaretha: Heftig Bestritten – Routiniert Durchgeführt – Vielfach Nachgefragt. Pränataldiagnostik in der Schwangerenvorsorge. Aus: Kolb, Stefan: Medizin und Gewissen, wenn Würde ein Wert würde... .Frankfurt am Main: Mabuse-Verlag, 2002

Lammert/Cramer/Pingen-Rainer/Schulz/Neumann/Beckers/Siebert/Dewald/Cierpka: Psychosoziale Beratung in der Pränataldiagnostik. Ein Praxishandbuch. Göttingen/Bern/Toronto/Seattle: Hogrefe-Verlag, 2002

Mattner, Dieter: Behinderte Menschen in der Gesellschaft. Zwischen Ausgrenzung und Integration. Stuttgart/Berlin/Köln: Kohlhammer, 2000

Merkel, Reinhard: Früheuthanasie – Rechtsethische und strafrechtliche Grundlagen ärztlicher Entscheidungen über Leben und Tod in der Neonatalmedizin. Baden-Baden: Nomos Verlagsgesellschaft, 1. Auflage 2001

Mürner, C.: Behinderte als Beispiel in der Genetik oder wie man sich das Menschenbild der öffentlichen Meinung wissenschaftlich zunutze macht. Aus: Mürner, C.: Ethik – Genetik – Behinderung. Luzern 1991, S. 104 f. Aus: Mattner, Dieter: Behinderte Menschen in der Gesellschaft. Zwischen Ausgrenzung und Integration. Stuttgart/Berlin/Köln: Kohlhammer, 2000

Niedersächsisches Frauenministerium: Schwangerschaftsabbruch - was Sie wissen müssen! Ratgeber, Hannover, 1997

Ohly, Lukas: Sterbehilfe: Menschenwürde zwischen Himmel und Erde. Stuttgart: Kohlhammer, 2002

Oliver Tolmein: Wann ist der Mensch ein Mensch? Ethik auf Abwegen. München/Wien: Hanser, 1993

Otto/Thiersch: Handbuch der Sozialarbeit/Sozialpädagogik. 2. Auflage, Neuwied/Kriftel: Luchterhand, 2001

Quoirin, Marianne: Auf Leben und Tod. Gesunde Kinder um jeden Preis? Die Diskussion um Abtreibung beginnt von neuem. In: Kölner Stadt-Anzeiger vom 6.01.1998, Aus: Dederich, Markus: Behinderung – Medizin – Ethik, Behindertenpädagogische Reflexionen zu Grenzsituationen am Anfang und Ende des Lebens. Bad Heilbrunn, Klinkhardt, 2000

Rohr, B.: Eugenische Indikation im § 218 – Hin und hergerissen zwischen unterschiedlichen Moralen. Aus: Stein, A.-D.: Lebensqualität statt Qualitätskontrolle menschlichen Lebens. Berlin, 1992, S. 180. Aus: . Mattner, Dieter: Behinderte Menschen in der Gesellschaft. Zwischen Ausgrenzung und Integration. Stuttgart/Berlin/Köln: Kohlhammer, 2000

Schooyans, Michel: Ethik – Leben – Bevölkerung. Eine Argumentationshilfe in Grundfragen unserer Zeit. Zürich: Thesis-Verlag, 1998

Schreiber, Hans-Ludwig: Das Verbot der Diskriminierung einer Person wegen ihres genetischen Erbes. In Taupitz, Jochen: Das Menschenrechtübereinkommen zur Biomedizin – taugliches Vorbild für eine weltweit geltende Regelung? Berlin/Heidelberg: Springer, 2002

Schulz: Zur Vereinbarkeit des Entwurfs des Menschenrechtübereinkommens zur Biomedizin des Europarates vom 6. Juni 1996 mit den Grundrechten. Wissenschaftliche Dienste des Deutschen Bundestags, 7.11.1996

SGB III, Sozialgesetzbuch, Stand 01.Januar 2001

SGB IX Rehabilitation und Teilhabe Behinderter Menschen – Vorschriften mit erläuterten Gesetzestexten. Regensburg, Walhalla, Stand 23.Juni 2001

SGB VIII, Nachtrag zur Broschüre Kinder- und Jugendhilfegesetz (SGBVIII)10. Auflage, Stand 02.11.2000

Swantje Köbsell: Mogelpackung - die `Bioethik-Konvention` des Europarates und ihre Bedeutung für Menschen mit Behinderungen. BEHINDERTENPÄDAGOGIK, Heft 1/1999

Taupitz, Jochen: Das Menschenrechtübereinkommen zur Biomedizin – taugliches Vorbild für eine weltweit geltende Regelung? Berlin/Heidelberg: Springer Verlag, 2002

Taupitz/Schelling: Mindeststandards als realistische Möglichkeit. Rechtliche Gesichtspunkte in deutscher und internationaler Perspektive. Eser Verlag, 1999

Tröster, Heinrich: Einstellungen und Verhalten gegenüber Behinderten. Konzepte, Ergebnisse und Perspektiven sozialpsychologischer Forschung. Bern/Stuttgart/Toronto: Verlag Hans Huber, 1990

Waldschmidt, A.: Humangenetische Beratung heute – ein Instrument der Auslese? Aus: Stein, A.-D.: Lebensqualität statt Qualitätskontrolle menschlichen Lebens. Berlin, 1992, S. 119. Aus: Mattner, Dieter: Behinderte Menschen in der Gesellschaft. Zwischen Ausgrenzung und Integration. Stuttgart/Berlin/Köln: Kohlhammer, 2000

Weiss, Magdalena: Auswirkungen Pränataler Diagnostik auf das Erleben Schwangerer Frauen aus der Sicht von Hebammen. Aus: Kolb, Stefan: Medizin und Gewissen, wenn Würde ein Wert würde... Frankfurt am Main: Mabuse-Verlag, 2002

Wolff, G.: Eugenik und genetische Beratung – Ethische Aspekte der Pränataldiagnostik. Frühförderung interdisziplinär, 1993, S. 49 ff. Aus: Mattner, Dieter: Behinderte Menschen in der Gesellschaft. Zwischen Ausgrenzung und Integration. Stuttgart/Berlin/Köln: Kohlhammer, 2000

Zeller, Susanne: Soziale Arbeit als Menschenrechtsprofession? Sozialmagazin, 25. Jg., 2002

Quellen aus dem Internet:

http://home.t-online.de/home/m-g.seidler/b_ktxt.html, 20.01.2003

http://www.behinderung.org/definit.htm, 13.05.2003

http://www.bundesaerztekammer.de/30/Richtlinien/Richtidx/Praediag.html, 14.05.2003

http://www.bundesaerztekammer.de/cig-bin/printVersion.cgi, 20.05.03

http://www.dbsh.de/Berufsbild.doc, 19.06.2003

http://www.destatis.de/basis/d/gesu/gesutab16.htm, 14.05.2003

http://www.destatis.de/basis/d/gesu/gesutab17.htm, 14.05.2003

http://www.frauenarzt-infos.de/Praenatal/Einleitung.htm, 12.05.2003

http://www.frauenarzt-infos.de/Praenatal/Chorionzottenbiopsie.htm, 12.05.2003

http://www.frauenarzt-infos.de/Praenatal/Fruchtwasseruntersuchung.htm, 12.05.2003

http://www.frauenarzt-infos.de/Praenatal/Nabelschnurpunktion.htm, 12.05.2003

http://www.frauenarzt-infos.de/Praenatal/Ultraschall.htm, 12.05.2003

http://www.frauenarzt-infos.de/Praenatal/Screening.htm, 12.05.2003

http://www.frauenarzt-infos.de/Praenatal/Auswertung.htm, 12.05.2003

http://www.geburtskanal.de/index.html?mainFrame=http://www.geburtskanal.de/ Wissen/M/MutterPass. shtml&topFrame=http://www.geburtskanal.de/Advertising/ BannerTop_Random. jhtml?Banner=, 19.06.2003

http://www.travelmed.de/risiko/schwanger/ schwanger02.htm, 18.06.2003

Quelle Umschlag:

http://www.berliner-hebamme.de/, 26.06.2003

http://geburtskanal.de/, 26.06.2003